5分間でやる気脳に

このドリルは、子どもたちが興味を示しそうな内容を、短い文章にしてのせています。

読解学習の基礎・基本を、細かいステップで組み立ててあり、順を追って無理なく学習できます。

短い文章と問いを、ていねいにくり返し読み取ることで、読解力がつくようにしてあります。

子どもが1ページやり終えるごとに、しかりほめてください。

脳からドーパミン（脳のホルモン）が出て、「やる気が育つ」ことが科学的に確認されています。

「ドリルをする」

↓

「ほめる」

↓

「ドーパミンが出る」

↓

「やる気が育つ」

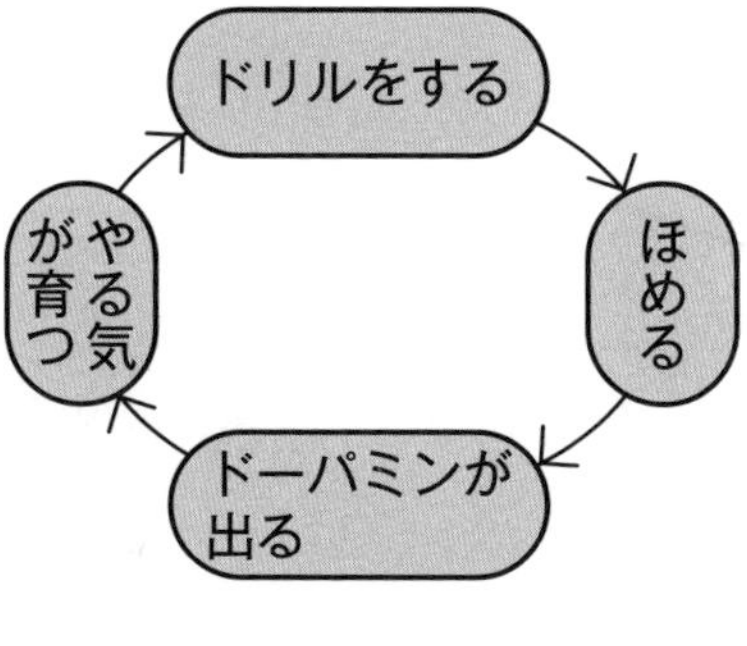

この循環で、子どもの脳はきたえられ、かしこくなっていきます。

そうなるように工夫して、このドリルをつくりました。

5分間読解ドリルの特色

●1日5分、集中しよう

子どもたちが興味を示しそうな短い文で設問が少なく、短時間で取り組めます。

●毎日続けよう

家庭学習の習慣が身につきます。

●まるつけも　かんたん

答えはうらのページにのせています。つまった問題は、解答を見て再度挑戦してください。

●解説やイラストつき

問題に出てきたことがらがよくわかるように、解説やイラストをつけました。また、楽しく取り組める問題ものせています。

目　次

タイトル	学習日	色ぬりチェック		
		もうすこし	できた	よくできた
㉖ クジラのこきゅう				
㉗ 落花生				
理由を読み取る				
㉘ 菜の花のおひたし				
㉙ サケの身はなぜ赤い				
㉚ カブトムシ				
㉛ ナメクジ				
㉜ 空のスピード王「はやぶさ」				
㉝ テレビの見方				
事実を読み取る				
㉞ ホタルのひかり				
㉟ 飛ぶニワトリ				
㊱ 動物の鼻とにおい				
㊲ こどもの日				
㊳ 北極は磁石のS極				
要点を読み取る				
㊴ メスチーターの走力				
㊵ ホッキョクグマの泳力				
㊶ カエルのジャンプ力				
㊷ うなぎのにおい代				
㊸ さばくのラクダ				
そう合問題				
㊹ オジギソウのふしぎ				
㊺ ボスニワトリ				
㊻ 牛わか丸				
㊼ アジュール舞子（まいこ）				
㊽ ミツバチとイチゴ				
㊾ 子どもの好きな神様　①				
㊿ 子どもの好きな神様　②				

1 主語・じゅつ語を読み取る

ヤドカリとイソギンチャク

月　日

点/40点

ヤドカリのからの上に、イソギンチャクがすみついています。ヤドカリとイソギンチャクの生活は、助け合いの関係《かんけい》にあります。

イソギンチャクは、ヤドカリの食べ残《のこ》しをもらい生活しています。また、ヤドカリはイソギンチャクのどくにより、タコなどのてきから、身を守ってもらうのです。

このように、ヤドカリとイソギンチャクは助け合って生活しています。

ヤドカリが、からをとりかえる引っこしのときには、イソギンチャクも連《つ》れていくようです。

1 ヤドカリとイソギンチャクは、どんな関係にありますか。（10点）

［　　　　］の関係

2 イソギンチャクが、ヤドカリに助けてもらうことは何ですか。（10点）

［　　　　］

3 ヤドカリが、イソギンチャクに助けてもらうことは何ですか。（10点）

［　　　　］

4 ヤドカリは、引っこすとき、イソギンチャクをどうしますか。（10点）

［　　　　］

ヤドカリの一番のてきは、タコです。

タコは、足を使って引きよせ、かみつきます。どくを出して動けなくしてから、ヤドカリを食べます。

このタコから身を守るために、イソギンチャクをからにつけたヤドカリがいます。

イソギンチャクにはタコの足をしびれさせるどくが出るはりがあるのです。これでタコを追いはらってくれるのです。

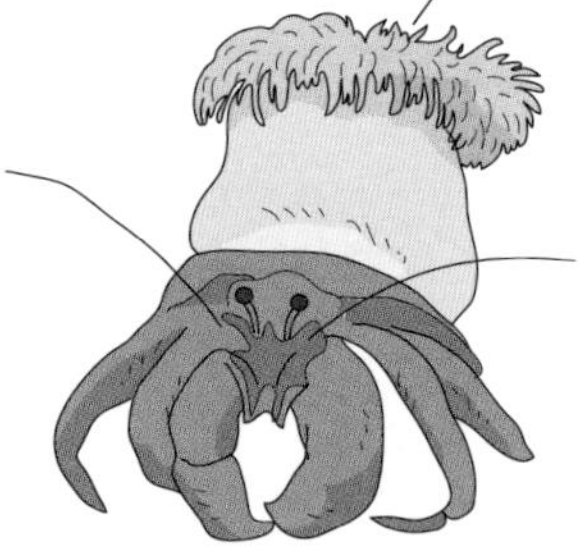

ヤドカリとイソギンチャク

こたえ

1 助け合い

2 食べ残しをもらうこと

3 どくにより、(タコなどの)てきから身を守ってもらうこと

4 連れていく

2 主語・じゅつ語を読み取る
コウモリ

月　日

点/40点

㋐コウモリは、主にこん虫などを食べ、赤ちゃんを母にゅうで育てるほにゅう動物です。

ところが、コウモリは空中を自由に飛《と》び回ります。

コウモリには羽の代わりになるうすいまくがあります。

雨《あま》がさのほねのように、細長いうでや長い指の間にまくがついています。

つまり、羽やつばさではなく、うすいまくで飛んでいるのです。

㋑□、体重はとても軽く、わずか㋒6グラム、一円玉六こ分しかありません。

また、このような体なので、コウモリはほとんど歩くことができず、ほらあなや木のえだに足でさかさにぶら下がって休みます。

1　㋐の文の、主語・じゅつ語を答えましょう。（10点）

主語［　　　　］

じゅつ語［　　　　］

2　コウモリは、何で飛んでいますか。（10点）

［　　　　］

3　㋑にあてはまるせつ続語《ぞくご》を選《えら》び、○をつけましょう。（10点）

だから　けれど　しかし

4　㋒の重さにあたるものは何ですか。（10点）

［　　　　］

コウモリのエサは、植物の実や虫などの小動物です。
飛行《ひこう》の様子は、自分で出すちょう音波の反しゃを受け止めて飛ぶため、アゲハなどがひらひら飛んでいるようにも見えます。

羽の代わりになるうすいまくをいっぱいに広げて飛びます。
目は見えなくて、夜でもちょう音波を出して飛ぶことができます。

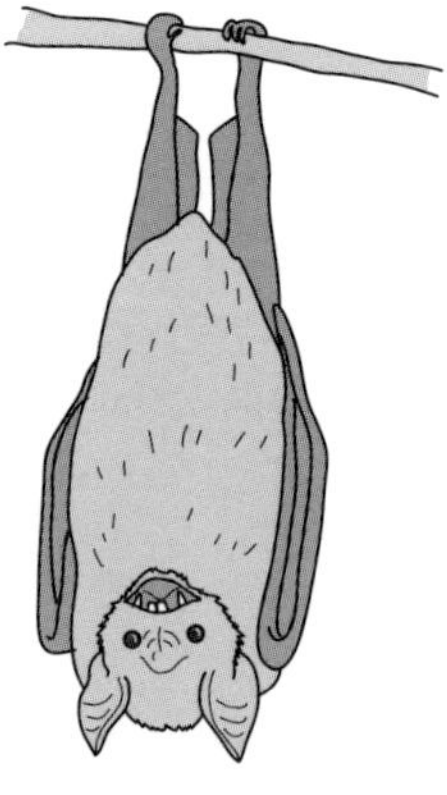

休けいやねむりにつくときには、後ろ足を使ってぶら下がっています。

こたえ

1 コウモリ
ほにゅう動物です
2 うすいまく
3 だから
4 一円玉六こ

主語・じゅつ語を読み取る

テッポウウオのエサとり

水族館で人気の高いショーの一つが、テッポウウオのエサとりです。水面の葉の上に止まったこん虫を、口にふくんだ水を飛《と》ばして㋐つかまえます。

のどにたくわえた水を、したとえらぶたを使って一メートル以上《いじょう》飛ばします。

テッポウウオは東南アジアの熱帯《ねったい》地《ち》いきにすんでいます。

日本の西表島《いりおもてじま》（沖縄県《おきなわけん》）の海岸で、植物のたくさんしげったところでも発見されました。

㋑大きなものは、食用になるそうです。

---

1 水族館で人気の高いショーの一つは、何ですか。（10点）

［　　　　］

2 ㋐何を飛ばして、こん虫をつかまえますか。（10点）

3 どこを使って、水を飛ばしますか。（10点）

［　　　　］と［　　　　］

4 ㋑大きなものは、どうなりますか。（10点）

［　　　　］

テッポウウオはインドから東南アジア、国内の沖縄《おきなわ》地方にかけて広くすんでいます。

主に海水と川の水がまざり合った、マングローブなどの植物が多くしげっているような場所にいます。

水面近くや水中にえ物が多くいるためです。

ときには、水面近くにいるこん虫などをジャンプして直せつつかまえたりもします。

え物に向けて水をとばすテッポウウオ

こたえ

1 テッポウウオのエサとり
2 口にふくんだ水
3 した えらぶた
4 食用になる

4

主語・じゅつ語を読み取る

森の中のオットセイ

月　日

点/40点

　近年、ニュージーランドの深い森の中で、オットセイの子どもがたくさん発見されました。オットセイの子どもたちは、海岸から森へと苦労《くろう》しながら川をさかのぼり、大きなたきつぼを目指します。㋐そこでは、二十頭以上《いじょう》の子どもたちが、もうスピードで泳ぎまわったり、岩によじ登ったり、飛《と》びこんだりと、ひたすら遊んでいます。

　㋑なぜ、そんなことをしているのでしょうか。

　一つは、森の中には、てきがいなくて安全だからです。もう一つは、遊びを通して、かりの動きを身につけているのです。

1　深い森の中で、何がたくさん見られますか。（10点）

〔　　　〕

2　㋐は、どこのことですか。（10点）

〔　　　〕

3　㋐では、何をしているのですか。（10点）

〔　　　〕いる。

4　㋑の理由を二つ書きましょう。（10点）

〔　　　〕

〔　　　〕

ニュージーランド南島のカイコウラの海岸から森の中へ、十分〜二十分も歩くとオットセイの子どもたちの遊び場、美しいたきつぼに出ます。

そこではたくさんの子どものオットセイが、遊びにむ中になっています。

遊ぶオットセイの子ども

こたえ

1 オットセイの子ども
2 大きなたきつぼ
3 ひたすら遊んで
4 てきがいなくて安全だから。
遊びを通して、かりの動きを身につけているから。

牛ふんバス

インドに牛ふんから作ったねん料《りょう》で走るバスがある。

インドは、しゅう教で牛を大切にする国なので、いたるところに牛がいて、牛ふんも多い。

その牛ふんは、最近《さいきん》、㋐ねん料として見直されている。

㋑［　　］、バス会社は農家から集めてきたたくさんの牛ふんで、㋒バイオガス（ねん料）を作り、それをガソリンの代わりにしてバスを走らせることにしたのだ。

そのバスは、緑色でコインの絵がかかれている。料金はコイン一こで、ふつうのバスの五分の一の料金だ。

その上、はい気ガスには、牛ふんのにおいがしない。

そのバスが大変《たいへん》なひょうばんになっている。

---

1 インドはどんな国ですか。（10点）

〔　　　　　　　　〕

2 ㋐のものは、何ですか。（10点）

〔　　　　　　　　〕

3 ㋑にあてはまるせつ続語《ぞくご》を［　　］から選《えら》び、書きましょう。（10点）

だから、けれど、そこで、また

〔　　　　　　　　〕

4 ㋒は、何を作ったとありますか。（10点）

〔　　　　　　　　〕

世界中で自然《しぜん》エネルギーが求《もと》められている。

インドでも新しいエネルギーとして牛ふんに目が向けられた。この会社は八台のトラックで一日に八トンの牛ふんを集め、バイオガスに変《か》えている。これは石油や天然《てんねん》ガスの代わりになるもので、いろんなところで使えるのだ。

インドの牛

こたえ

1 （しゅう教で）牛を大切する国
2 牛ふん
3 そこで
4 バイオガス（ねん料）

たこあげ

日本のお正月らしい風景《ふうけい》に「たこあげ」があります。

このたこあげが伝《つた》えられたのは、今から千年もの昔だといわれています。中国から伝わってきた㋐そのころのたこは紙で作られた、まるでトンビのような形をしたものだったようです。

その後、戦国《せんごく》の世になり、たこは、戦《たたか》いの道具に使われるようになりました。

そして、世の中も落ち着いてくると、たこあげが、日本中で遊びとして行われるようになりました。

---

1 たこあげがある風景はいつですか。(10点)

〔　　　　〕

2 ㋐は、いつごろのことですか。(10点)

〔　　　　〕

3 戦国の世には、たこは何に使われたのですか。(10点)

〔　　　　〕

4 世の中が落ち着いてくると、たこあげはどうなりましたか。(10点)

〔　　　　〕

「お正月にはたこあげて〜」と歌があるように、江戸《えど》時代《じだい》あたりから和紙が広く使われるようになり、子どもたちのお正月の遊びとなりました。

それ以前のたこの利用《りよう》は、たこのあがり具合でうらなったり、戦《たたか》いの道具として、合図や連《れん》らくに使われたりしました。

今では、風力や温度、そして気しょうのデータをとるのに役立っています。

始まりは中国のようですが、今は世界的《てき》な遊びになっています。

連だこ、けんかだこ、大だこなど、いろいろなたこあげがあります。

こたえ

1 お正月

2 今から千年もの昔

3 戦いの道具

4 遊びとして行われるようになった

7 様子を読み取る
ゴマダラカミキリと自然

月　日

点/40点

全身が黒で、白の点てんがあるⓐゴマダラカミキリは、日本のカミキリムシの中でも特《とく》に美しい種類《しゅるい》です。

よう虫が、お茶やミカンやビワなどの木の葉を食べて育つため、茶畑や果《か》じゅ園などでよく見られます。

最近《さいきん》では、農薬がまかれるようになり、ⓘゴマダラカミキリのすがたがめずらしくなりました。

もし、ゴマダラカミキリがいたら、そこはⓤ昔ながらの自然《しぜん》かんきょうが、残《のこ》っているのでしょう。

---

1 ⓐの様子を書きましょう。（10点）

〔　　　　〕

2 ⓐは、どこでよく見られますか。（10点）

〔　　　　〕〔　　　　〕

3 ⓘなぜ、すがたがめずらしくなったのですか。（10点）

〔　　　　〕

4 何がいたら、ⓤのようにいわれるのですか。（10点）

〔　　　　〕

ゴマダラカミキリは、体は大きく、いろいろな木を食べるため日本中で、よく見られていました。

全身が黒色で、白い点てんがあり目立ちます。

ミカンの果《か》じゅ園などでは、木をあらす害虫《がいちゅう》として見られ、農薬などにより、追いはらわれています。

だから、ゴマダラカミキリが、すんでいることは、農薬のまかれていない自然《しぜん》なかんきょうといえるのです。

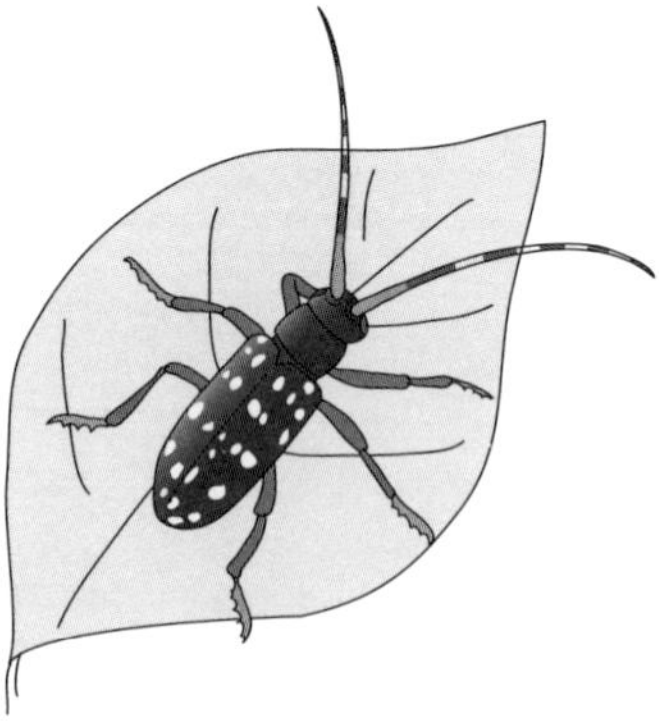

ゴマダラカミキリ

こたえ

1 全身が黒で、白の点てんがある

2 茶畑　果じゅ園

3 農薬がまかれるようになったから

4 ゴマダラカミキリ

8 様子を読み取る

ムササビの活動

月　日

点/40点

森の小鳥たちがねむりにつく夕ぐれ、ムササビの活動が始まる。ムササビは、巣《す》から出て、高いところにかけ登る。前足から後ろ足についた飛《ひ》まくをいっぱいに広げ、風に乗ってグライダーのように飛《と》ぶ。太く長いしっぽを左右に動かして、上手《じょうず》にかじを取る。

シイ・カシなどの花やわか葉、木の実をせっせと食べて、はらごしらえをする。

やがて、東の空がうっすら明けてくると、ムササビたちは巣あなに帰る。夜明けとともに、ふたたび深いねむりにつくのである。

1 ムササビの活動は、いつ始まりますか。（10点）

2 ムササビが高いところに登るのは、どうするためですか。（10点）

［　　　　］

3 どのようにしてかじを取りますか。（10点）

［　　　　］

4 ムササビが巣あなに帰るのは、いつですか。（10点）

［　　　　］とき

ムササビはリス科の仲間《なかま》で、木の葉や木の実を食べます。飛《と》ぶきょりは木の高さにもよりますが百五十〜百六十メートルにもおよびます。

フサフサしたしっぽをかじ取りに使い、木から木へと上手《じょうず》に飛びわたっていきます。

前足から後ろ足に広がった飛まくを使って飛びます。

こたえ

1 夕ぐれ
2 （グライダーのように）飛ぶため
3 （太く長い）しっぽを左右に動かして
4 東の空がうっすら明けてくる

9 様子を読み取る
モグラ

月　日

点/40点

モグラは、地下にトンネルをほり、くらしている。手がスコップのようにはたらく。

目はほとんど見えないが、耳・鼻が発《はっ》達《たつ》している。特《とく》に鼻先にふれたものが何かわかる。

モグラの体長は十～十五センチくらいで、そのなわばりは百～二百メートルの長いトンネルだ。そして、いくつもの道に分かれている。

エサはそこでつかまえたミミズやカエル、こん虫のよう虫などだ。とても大食いなので、㋐なわばり争《あらそ》いがよく起きる。

トンネル内で他のモグラとはち合わせするとはげしく争うという。

---

1 モグラは、どこでくらしていますか。（10点）

〔　　　　〕

2 モグラは、何が発達していますか。（10点）

〔　　　　〕

3 2から、特に何がわかりますか。（10点）

〔　　　　〕

4 なぜ、㋐がよく起きるのですか。（10点）

〔　　　　〕

モグラは、地中でくらす小がたのほにゅう類《るい》です。とても大食いで、日に体重の半分くらいのエサを食べなければ生きていけません。

また、田畑をたがやすミミズをとることや、田んぼにあなを開けて水をぬいたりすることから、田畑をあらす「害《がい》じゅう」とされています。

日本には七種類《しゅるい》のモグラがいます。

こたえ

1 地下

2 耳・鼻

3 鼻先にふれたもの

4 とても大食いだから

空飛ぶゴンドラ（複葉飛行機）

月　日

点/40点

飛行機《ひこうき》がふわりと空高く上がっていく。生駒山《いこまやま》の山ちょうにある遊園地の飛行とうだ。四つのアームにつり下げられた赤と青のゴンドラが、㋐飛行機の形をしているのだ。

ふわりと持ち上がった飛行機は、とうのまわりを回りながら㋑上がっていく。

下を見れば、大阪平野《おおさかへいや》や大和盆地《やまとぼんち》が広がり、西のかなたには大阪湾《おおさかわん》も見える。

まるで空を飛《と》んでいる気分で、心地良《ここちよ》く風を切る。㋒ここは、標高《ひょうこう》六四二メートルの生駒山ちょうで、大阪を一望《いちぼう》できるぜっ景《けい》がすばらしい。

1 ㋐の主語は、何ですか。（10点）

2 ㋐は、何につり下げられていますか。（10点）

〔　　　　〕

3 ㋑どのように上がっていきますか。（10点）

〔　　　　〕

4 ㋒ここは、どこのことですか。（10点）

□□□の飛行とう

奈良県《ならけん》と大阪府《おおさかふ》にまたがる生駒山《いこまやま》（標高六四二メートル）山ちょうにある遊園地。

そこにある飛行《ひこう》とうは国内最古《さいこ》で、高さは三十メートルもあります。

山ちょうの気温は、ふもとより三から、五度も低《ひく》く、特《とく》に夏に人気があります。

この飛行とうのゴンドラ（飛行機がた）に乗れば、し界《かい》が大きく開け、大阪平野《おおさかへいや》・大阪湾《おおさかわん》～奈良盆地《ならぼんち》が一望《いちぼう》できます。

こたえ

1 ゴンドラ

2 （飛行とうの）四つのアーム

3 とうのまわりを回りながら

4 遊園地

食虫植物

虫を食べる植物がある。ときにはカエルやカタツムリが食べられていることもある。

有名なものにウツボカズラがある。ツル植物で、その葉の先に虫をつかまえるふくろがついている。

ふくろは、つぼのような形をしていてすべりやすく、飛《と》んできた虫たちが、あやまってふくろの中に落ちてしまうという仕組みだ。

なお、ふくろのふたは虫が落ちてもとじないが、このふたもすべりやすくなっている。ふくろの中にはえき体が入っていて、それで虫をとかして栄養《えいよう》にしているのである。

---

1 虫を食べる植物で、有名なものは何ですか。（10点）

〔　　〕

2 1の葉には、何がついていますか。（10点）

〔　　〕

3 ふたは、どうなっていますか。（10点）

〔　　〕

4 ふくろの中のえき体のはたらきを書きましょう。（10点）

〔　　〕

日光を受けて成長《せいちょう》する緑色植物《りょくしょくしょくぶつ》。その中には、虫などをとらえて、栄養《えいよう》をおぎなうものがあります。

とらえ方により、次のように分けられます。

落としあな式…ウツボカズラ

ねん着式…モウセンゴケ

ハサミわな式…ハエトリグサ

などです。

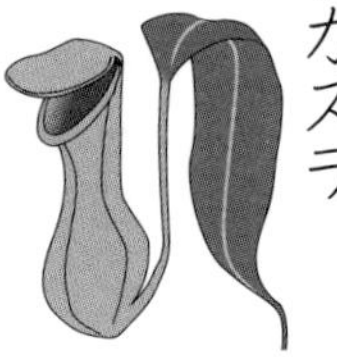

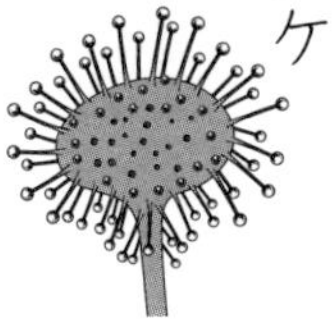

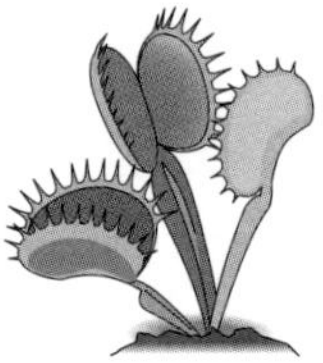

こたえ

1 ウツボカズラ

2 （虫をつかまえる）ふくろ

3 すべりやすくなっている

4 虫をとかして栄養にしている

⑫ 様子を読み取る

シイタケと女子高生

月　日

点/40点

おつかいで、キャベツ、シイタケなどを買った帰りのことです。公園の四つ角まで来ると、ちょうど信号《しんごう》が青だったので、自転車に乗ったまままわたり始めました。ところが、横だん歩道の中ほどまで来たとき、だん差《さ》で前かごに入れていた㋐シイタケがポトンと落ちました。歩道をわたってしまったわたしは、拾いにもどる㋑かまよっていました。それは、青信号が点めつしていたからです。

そのとき、信号待ちをしていた女子高生が、道の真ん中まで拾いに行ってくれて、何事もなかったかのように、シイタケを「はい」とわたしてくれました。

---

1 このできごとはいつのことですか。（10点）

［　　　　　　　　］のこと

2 ㋐は、どこでですか。（10点）

［　　　　　　　　］

3 ㋑は、なぜですか。（10点）

［　　　　　　　　］

4 作者が女子高生の行動に感心している文章の最初《さいしょ》の五文字を書きましょう。（10点）

［　　　　　］

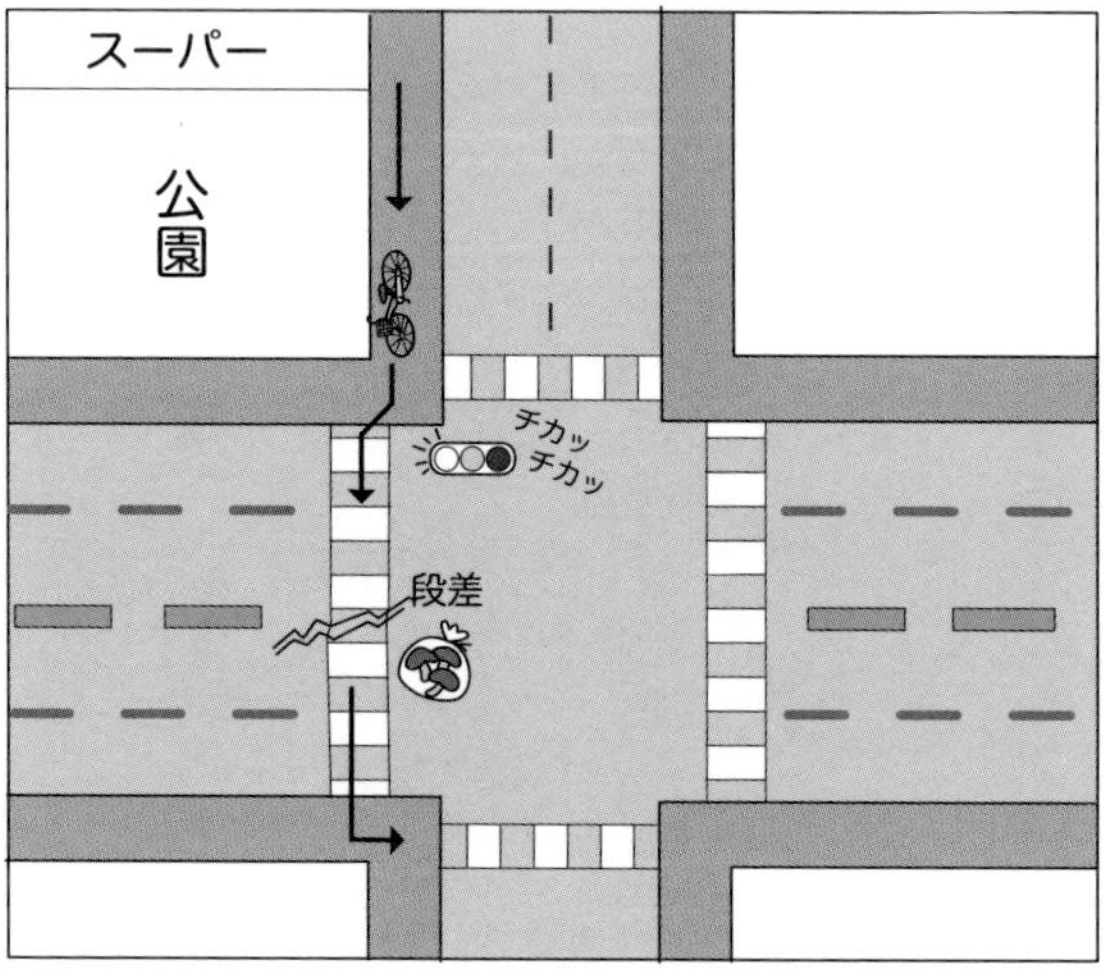

自転車に乗っての買い物帰り、広い道路の真ん中にあっただん差でシイタケが落ちてしまいました。

今にも信号《しんごう》が変《か》わり、ドッと車が走り出そうというときのできごとを書いています。

「何事もなかったように」きびんな行動をとりながら、おしつけがましくない「はい」という女子高生の様子に、作者のあこがれのような気持ちを感じます。

こたえ

1 おつかいの帰り

2 横だん歩道の中ほど

3 青信号が点めつしていたから

4 そのとき、

13 指じ語を読み取る

植物の生ぞん競争

月　日

点/40点

動物は、物をとって食べることによって生きています。それに対して、植物は、自分で栄養《えいよう》を作って生きています。

㋐そのためには、日光はなくてはなりません。植物は、日光をいかにしてたくさんとるか競争《きょうそう》しています。

ヒマワリなどを上から見ると、たくさんの日光を受けられるように、㋑それぞれの葉が外向けに広がっているのがよくわかります。また、ツル植物では、まわりの植物にまきついて、その植物の上に自分の葉を広げます。植物でも、生きるための競争ははげしいのです。

1 動物は、どのようにして生きていますか。(10点)

［　　　　］

2 ㋐は、何のためですか。(10点)

自分で［　　　　］るため。

3 ㋑は、何のためにそうなっているのですか。(10点)

［　　　　］ように

4 ツル植物はどのようにしていますか。(10点)

まわりの植物にまきついて、［　　　　］る。

左の図のように、ヒマワリなどは、葉のかげができないようにうまくずらして葉をつけています。

また、他の植物と葉を広げる時期をずらしているものもあります。

ツルのある植物、ヤブガラシなどは、まわりの植物にまきついて、その植物の上に自分の葉を広げて日光をうばいます。そのため、そのヤブはかれてしまうといわれています。

上から見たヒマワリの葉

こたえ

1 物をとって食べる

2 栄養を作

3 (たくさんの)日光を受けられる

4 その植物の上に自分の葉を広げ

天空の村「かかしの里」

月　日

点/40点

徳島県《とくしまけん》の山おくに「天空の村・かかしの里」とよばれる、住民のとても少ない村がある。人里はなれた山道を登っていくと、畑をたがやしているおばあちゃん、工事をしているおじいちゃん、お店でくつろぐ人たちなどに㋐出会う。

しかし、よく見ると、みんな動かない。実は、すべて村の住人ににせて作ったかかしなのである。今、㋑このかかしが、住民の数をこえて、三百体にもなっているという。この、かかしには住人がへっていく村の人々の切なる願いがこめられている。

1 天空の村はどんな村ですか。（15点）

〔　　　　〕村

2 ㋐どんな人たちに出会いますか。（15点）

〔　　　　〕

〔　　　　〕

〔　　　　〕

〔　　　　〕

3 ㋑は、どんなかかしですか。（10点）

村の〔　　　　〕かかし

標高《ひょうこう》八百メートルの山里（徳島県三好市東祖谷《とくしまけんみよししひがしいや》）を「天空の村・かかしの里」とよんでいます。

はじめは、農作物のひ害《がい》をへらす、鳥追いのために作られた人形でしたが、その人間らしさがひょうばんになったのでした。

えん側《がわ》にすわるかかし

こたえ

1 住民のとても少ない
2 畑をたがやしているおばあちゃん
工事をしているおじいちゃん
お店でくつろぐ人たち
3 住人ににせて作った

モリアオガエル

森の中にすんでいるモリアオガエルは、天然記念物《てんねんきねんぶつ》だ。木の上で生活して、指先に丸いきゅうばんのある、めずらしいカエルだ。

たまごを産《う》む四月から七月ころ、近くのぬまに集まってくる。水面上にせり出した木のえだに登り、㋐そこに、黄白色のあわにくるんだたまごの固《かた》まりを産みつける。かえったばかりの小さなオタマジャクシは、あわをやぶり、下のぬまに落ちるというわけである。

食べ物はこん虫やクモなどで、肉食である。かんきょうの悪化で、全国的《ぜんこくてき》に数がへってきている。

---

1 天然記念物のカエルは何ですか。(10点)

2 ㋐とは、どこですか。(10点)

3 なぜ㋐に、たまごの固まりを産みつけるのですか。(10点)

〔　　　　〕

4 1の食べ物は、何ですか。(10点)

〔　　　　〕や〔　　　　〕

天然記念物のモリアオガエルは、全国で数がへってきています。

主な理由は、住んでいる森林のかんきょうの変化《へんか》が大きく、また、たまごを産《う》むための池やぬまがへったためです。

木のえだに産みつけられたたまごの固《かた》まり

こたえ

1 モリアオガエル

2 水面上にせり出した木のえだ

3 かえったばかりのオタマジャクシが下のぬま（水面）に落ちるように

4 こん虫　クモ

面テープ

ひもの代わりに面テープを使っているくつがある。また、ふくろの口を面テープで、とじるようなものも見かける。面テープは手間がかからない。

㋐これは、生物の体のしくみをまねて作られているものだ。

野原には、服や、動物にくっつく「ひっつきむし」という草の種《たね》がある。先に曲がった形のトゲ（フック）があり、動物にくっつき、種を運んでもらうのだ。

面テープをよく見ると、フックじょうのものがならぶ面と、ループじょうのものが集まる面がセットになって、それらがくっついている。

これも、生活改《かい》ぜんの一歩である。

---

1 ㋐は何を指していますか。（10点）

〔　　　〕

2 1は、何をまねて作られましたか。（10点）

〔　　　〕

3 何のために「草の種」は服や動物にくっつくのですか。（10点）

〔　　　〕

4 何と何がセットになっていますか。（10点）

〔　　　〕が
ならぶ面

〔　　　〕が
集まる面

「生物もほう」とは、生物の形やはたらきからまねをするぎじゅつのことです。

面テープ（マジックテープ）は、一九五一年にスイス人が草の種が服にくっつくことから発明したそうです。

五百系《けい》新かん線の先頭車の形は、カワセミのくちばしをまねました。

どこにでもくっつくヤモリの指のきゅうばんからできたねん着テープもあります。

人間はたえずまね（もほう）をして、新しいぎじゅつを生み出していると言えます。

こたえ

1 面テープ

2 生物の体のしくみ

3 種を運んでもらうため

4 フックじょうのもの ループじょうのもの

17 指じ語を読み取る
リサイクル

月　日

点/40点

ペットボトルの原料《げんりょう》は、石油から作られるプラスチックの仲間《なかま》です。飲み終えたお茶やジュースなどの空のペットボトルは、すてないで㋐回しゅうしています。

まず、㋑回しゅうされたペットボトルは、リサイクル工場で細かくくだいて、小さなかけらにします。このかけらは、いろいろなせい品の原料になります。次に、㋒これをもう一度とかして固《かた》め、いろいろなせい品に加工《かこう》します。

したじきや、じょうぎになったり、細い糸にしてシャツやカーペットになったり、たまごパックや箱になったりもします。㋓大切なしげんなのです。

1 ㋐は、何をですか。（10点）

2 ㋑は、どこへ運ばれますか。（10点）

3 ㋒は、何を指していますか。（10点）

4 ㋓の文の主語は何ですか。（10点）

空の□は

〈リサイクルの流れ〉

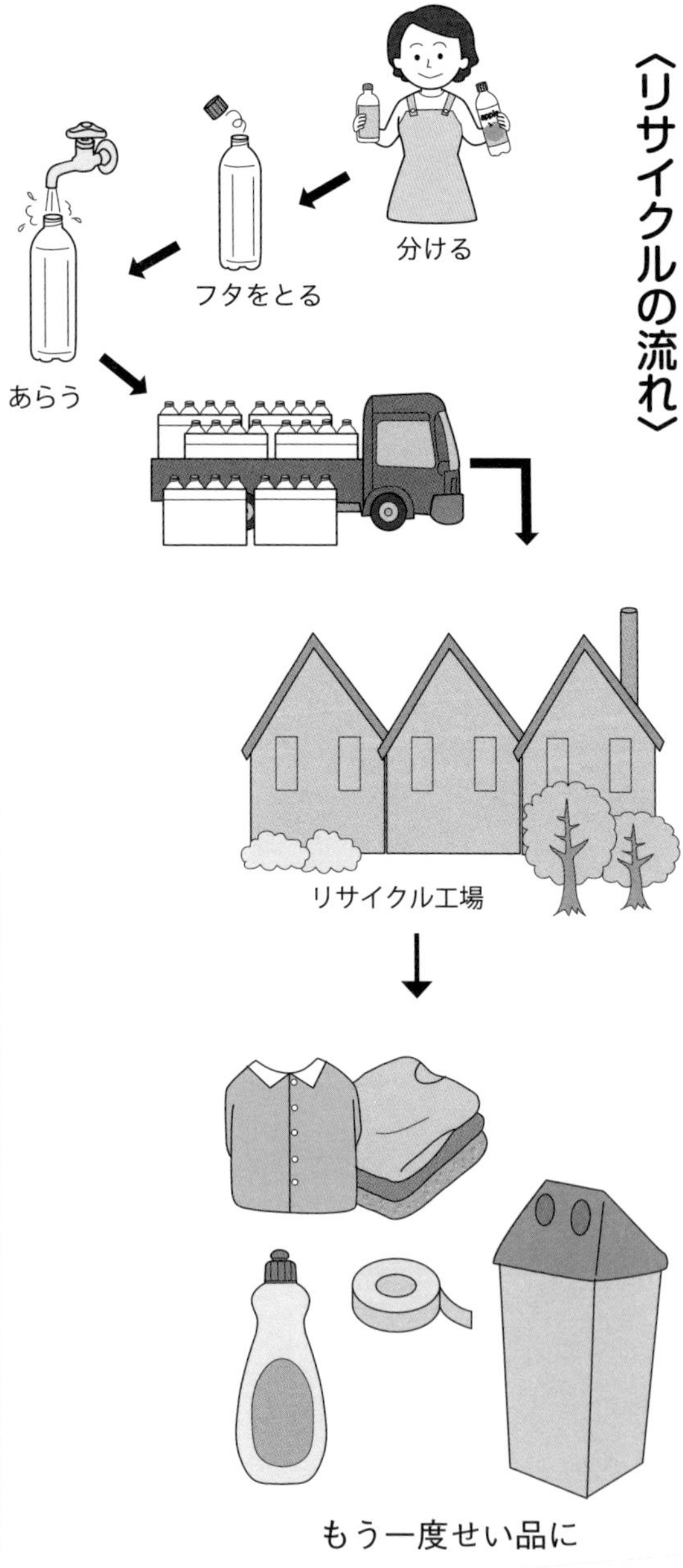

こたえ

1 空のペットボトル
2 リサイクル工場
3 小さなかけら
4 ペットボトル

18 せつ続語を読み取る
ツバメと人間

月　日

点/40点

㋐ツバメが、人間の住まいに巣《す》を作るようになった理由の一つは、多くのてきがいる自然《しぜん》の中より安全なこと。そして、もう一つは、農家の近くには田畑があり、えさになるこん虫が、たくさんいるからである。

㋑［　　］、農家の人々は、ツバメが田畑の上を飛《と》び回《まわ》り、たくさんの害虫《がいちゅう》をとらえてくれることをよく知っており、巣作りを温かくむかえてきた。「ツバメが巣を作れば、その家は金持ちになる」などと言って、大切にしてきたのである。

1　㋐の理由を二つ書きましょう。（20点）

［　　］

［　　］

2　㋑にあてはまるせつ続語《ぞくご》を選《えら》び、○をつけましょう。（10点）

けれど　だから　また

3　ツバメが巣を作れば、どうなると言って大切にしてきたのですか。（10点）

［　　　　　　　　］。

ツバメは日本でよく見られる野鳥です。決して農作物は食べず、田畑で飛んでいる害虫を食べてくれるえき鳥（農作物に良《よ》いえいきょうをあたえる鳥）として大切にされてきました。

三月～四月にかけて日本にわたって来て、一～二度、子育てをし、秋になると飛《と》びさっていきます。

こたえ

1 自然の中より安全
えさになるこん虫がたくさんいる

2 また

3 その家は金持ちになる

19 せつ続語を読み取る

ヘアドネーション活動

月　日　　点/40点

ヘアドネーションとは、病気や事こでかみの毛を失《うしな》った子どもたちに医りょう用のウイッグ（かつら）をおくる活動のことです。

㋐このウイッグは、何年もかけて長くのばしたかみの毛（三十一センチ以上《いじょう》のもの）の良《よ》いものだけを集めて作られます。

㋑［　　］、この活動に参加《さんか》する人の中には、少しでも良いかみの毛をおくりたいと、ひじきやワカメなどの海そうを多く食べているという人もいます。

参加者《さんかしゃ》は、ウイッグを着けた子どもたちの笑顔《えがお》を見たいと㋒願《ねが》っているのです。

そして、一人でも多くの人の参加がまたれています。

---

1 ヘアドネーションとは、何をおくる活動ですか。（10点）

［　　　　］

2 ㋐は、何で作りますか。（10点）

何年もかけて［　　　　］人の［　　　　］。

3 ㋑にあてはまるせつ続語《ぞくご》を［　］から選《えら》び、書きましょう。（10点）

だから、その上、けれど

［　　　　］

4 ㋒は、何をですか。（10点）

［　　　　］

みなさんは、今どんなヘアスタイルをしていますか。

病気や事こでかみの毛を失《うしな》った人たちは、自分のすがたを見て、かなしい気持ちになることも多く、心から笑《わら》えないときがあるそうです。その気持ちをすくうためにこの活動が始められました。

この活動には、多くの協力者《きょうりょくしゃ》が必《ひつ》要《よう》です。

協力した人はみんな、ウイッグを着けた子どもたちの笑顔《えがお》を見たいと願《ねが》っているのです。

こたえ

1 医りょう用のウイッグ（かつら）
2 長くのばしたかみの毛
3 だから
4 ウイッグを着けた子どもたちの笑顔

20 せつ続語を読み取る

イモリの天気予報

月　日

点/40点

イモリはおなかが赤いので、アカハライモリともよばれ、カエルなどと同じで水中と陸上《りくじょう》の両方で生活できます。

㋐［　　］、かわいた空気中では皮ふでのこきゅうができなくなるので、長く生きていけません。だから、㋑晴れの日には、水中ですごします。

それで、イモリが水中から身を乗り出して空気中に出てくると、空気中のしめりけが多く、雨が近いとわかるのです。

水から身を半分くらい出している場合はどう考えればよいのでしょうか。

イモリの調さをたくさんしている水族館などの話では、㋒この場合はくもりのようです。

---

1 イモリの別《べっ》の名は何ですか。（10点）

［　　　　　］

2 ㋐にあてはまるせつ続語《ぞくご》を［　］から選《えら》び、書きましょう。（10点）

だから、　そして、　つまり、　ところが

［　　　　　］

3 ㋑のようにするは、なぜですか。（10点）

［　　　　　］

4 ㋒とは、イモリがどうしている場合ですか。（10点）

［　　　　　］場合

イモリとカエルは、水陸《すいりく》で生活できる「両生類《りょうせいるい》」とよばれます。

両生類は、生まれたばかりのころは、えらでこきゅうし水中で生活します。大きく成長《せいちょう》するとはいこきゅうと、皮ふこきゅうをして、陸での生活ができるようになります。

しかし、かわいた空気中では、皮ふでのこきゅうができなくなります。だから、晴れの日には、水中ですごすことが多くなります。

こたえ

1 アカハライモリ

2 ところが

3 皮ふでこきゅうができなくなるから

4 水から身を半分くらい出している

21 せつ続語を読み取る
カラス

㋐カラスはかしこい鳥である。仲間《なかま》で助け合い、鳴き声で合図をする。強てきであるトビには数羽でむかい追いはらう。㋑［　　］、電線にぶら下がったり、すべり台ですべったりして遊ぶこともある。くちばしで㋒公園の水道のじゃ口を開け、水を飲んだり、水浴《みずあ》びをしたりもする。

そして、㋓最近《さいきん》のカラスは、人がくらす町中の方が安全で、食料《しょくりょう》にも不自由《ふじゆう》しないことを知っているようだ。お寺や神社の木などに巣《す》を作って、人間のごく近くまでよってきている。

色が黒いこと、生ゴミをあさる、自分たちをこうげきする人間には仕返しをするなど、きらわれることも多いが、㋔オスとメスで子育てするなどカラスにも感心できることもある。

---

1 ㋐はどんな鳥ですか。（5点）

［　　　　］

2 ㋑にあてはまるせつ続語《ぞくご》を選《えら》び、○をつけましょう。（10点）

しかし、だから、また

3 ㋒では、何をしますか。（10点）

［　　　　］

［　　　　］

4 ㋓は、どこに巣をつくりますか。（5点）

［　　　　］

5 ㋔は、どんなことですか。（10点）

［　　　　］

固《かた》いものをコンクリートの上などに落としてわったり、道路にクルミを置《お》き、自動車にひかせてわったりすることがあります。

ヒナのときから人間が育てて、人間の声などをまねさせるとキュウカンチョウのように話すように鳴くこともできます。

そして、ほう石やガラスのように美しくかがやく物などをエサに関係《かんけい》なく集めたり、遊びに使うような行動もします。

トビなど自分より大きく強いてきに対しては、集だんの力で追いはらったり、仲間《なかま》で協力《きょうりょく》することもできます。

こたえ

1 かしこい鳥
2 また
3 水を飲んだり
水浴びしたり
4 お寺や神社の木
5 オスとメスで子育てする

クローバー

㋐クローバーという植物を知っていますか。それでかんむりなど、花かざりを作って遊びます。ときには幸運をよぶという四つ葉のものが見つかり、よろこんだりします。

この草花は、江戸《えど》時代にオランダからガラスよう器《き》などを送るときの箱のつめ物として使われていたことから「つめくさ」ともよばれています。

この花から取れるハチミツは生産量《せいさんりょう》が最《もっと》も多く、葉はゆでて食用にしたり、くきは薬にもしました。また、牧草《ぼくそう》としても広く利用《りよう》されています。

---

1 ㋐で、どのようにして遊びますか。（10点）

［　　　　　］作って遊ぶ。

2 何が見つかったとき、よろこびますか。（10点）

［　　　　　］

3 ㋐は何ともよばれていますか。（5点）

［　　　　］

4 ㋐はどのように利用されていますか。（15点）

ハチミツの他に、［　　　　　］

［　　　　　］

［　　　　　］

日本には明治《めいじ》時代に牛や馬の牧草用《ぼくそうよう》にもちこまれました。それが野生化したものです。根のはたらきで田畑の土を栄養《えいよう》ゆたかにもします。

夜になると葉をとじます。

ふつうは三まい葉であるが、中には四まい、五まいのものもある。
四まいのものは幸運をよぶといわれる。

こたえ

1 花かざりを
2 四つ葉のもの（クローバー）
3 つめくさ
4 食用　薬　牧草

23 ウグイスの巣

月　日

点/40点

伊豆諸島《いずしょとう》・三宅島《みやけじま》にすむウグイスの巣《す》が、以前《いぜん》より三倍もの高さになっているとわかりました。イタチから、たまごやひなを守るためとみられます。

イタチは、農作物を食いあらすネズミやトカゲなどのたいじにと、一九八〇年代に人間が持ちこんだものです。㋐それなりの役目は果《は》たしているのですが、ウグイスにとってはさいなんでした。

㋑［　　］、高くしたウグイスの巣は、今度は、上空からよく見えて、カラスのこうげきにさらされています。

自然《しぜん》の仕組みはふくざつなもので、なかなか人間が思うようにはなってくれません。

---

1 ウグイスの巣が三倍もの高さになったのはなぜでしょう。（10点）

［　　　　　　］

2 ウグイスの巣が高くなっていったのはいつごろからですか。（10点）

［　　　　］代

3 ㋐それなりの役目とは、どんな役目ですか。（10点）

［　　　　　　］

4 ㋑にあてはまるせつ続語《ぞくご》を選《えら》び、○をつけましょう。（10点）

しかし　だから　また

三宅島《みやけじま》には、一九八〇年ごろまでイタチなどの肉食の動物はいませんでした。

そこへ人間が農作物を守るため、ネズミなどをエサにするイタチを持ちこんだのです。

ところが、イタチはネズミを食べるだけではなく、その他の動物にも害《がい》をおよぼしました。ウグイスの巣《す》もねらわれたのです。

このように、人間の都合だけでは、生物や自然かんきょうは思うようになりません。

沖縄県《おきなわけん》のハブたいじにマングースを外国から持ちこんだことも同じです。

こたえ

1 イタチからたまごやひなを守るため

2 一九八〇年

3 ネズミやトカゲなどのたいじ

4 しかし

コウノトリ

月　日

点/40点

野生のコウノトリは一度、㋐一九七一年にぜつめつしました。この鳥を野生にかえらせる取り組みが兵庫県《ひょうごけん》但馬《たじま》地方《ちほう》で続《つづ》けられています。

㋑里山の手入れをしたり、農薬を使わないようにして、エサになる小魚やカエル、バッタなどがたくさんすむ田畑を作ったりするなど、コウノトリがすめるゆたかな自然《しぜん》かんきょうを作ってきました。

また、育てたコウノトリを野山に放し、それらがたまごを産《う》むための巣《す》作《づく》りもしています。

その結果《けっか》、二〇〇五年には五羽を自然の中に放つことができました。

そして、二〇〇七年には、各地《かくち》の山野でヒナが巣立ち、今では、全国でその美しいすがたが見られます。

---

1 ㋐は、何がですか。（10点）

「　　」

2 ㋑を短くまとめた言葉を書きましょう。（10点）

「　　」を作る。

3 ㋑の他に、どんな取り組みをしましたか。二つ書きましょう。（10点）

「　　」

「　　」

4 今ではコウノトリはどうなりましたか。（10点）

「　　」

兵庫県《ひょうごけん》北部の豊岡市《とよおかし》をふくむ、但馬《たじま》地方では、昭和の初《はじ》めまで、たくさんのコウノトリが住んでいました。

しかし、その後のかんきょうはかいと、農薬の使用によるドジョウやカエルなどのげん少で、コウノトリの数は毎年へり続《つづ》け、一九七一年には、ついにすがたを消してしまいました。

げんざい、豊岡市には、「コウノトリの郷《さと》公園」があり、多くの鳥を育てています。

また、近くの野山には、放鳥された鳥が空を飛《と》んでいます。

こたえ

1 コウノトリ

2 ゆたかな自然かんきょう

3 育てたコウノトリを野山に放す

たまごを産むための巣作り

4 全国でその美しいすがたが見られる

ユニバーサルデザイン

㋐ユニバーサルデザイン。

一九八五年に、アメリカで「しょう害《がい》のあるなしにかかわらず、全ての人にとって使いやすくしたデザインを」と始まりました。

世界中の人が、見ればわかる、文字の代わりにかかれた絵文字がそうです。

他にも、目で見ることができないときに、手でさわればシャンプーやリンスとわかる形にくふうをしたよう器《き》などがあります。

げんざいは、㋑様々なところで見つけることができます。

---

1 ㋐とは何ですか。（10点）

［　　　　］デザイン

2 ㋐たとえばどんなものがありますか。二つ書きましょう。（20点）

［　　］の代わりの、［　　　］よう器

［　］でさわれば［　　　］

など。

3 ㋑は、何を見つけることができますか。（10点）

［　　　　］

ユニバーサルデザイン

どんな人でも、公平に使える

・トイレや、おふろ場にある手すり

・外国の人にもわかるように文字の代わりに絵文字を使う

・さわることで、わかるようにするくふう　など

たとえば、
頭をあらっているときは目が見えないので、シャンプーのボトルに印《しるし》をつけます。

こたえ

1 全ての人にとって使いやすくした

2 文字　絵文字
手　わかる

3 ユニバーサルデザイン

具体や例を読み取る

クジラのこきゅう

クジラが、一こきゅうで海にもぐれる時間はとても長い。㋐二十分から、ときには九十分にもおよぶ。

長い年月の水中生活で、さんそのとり方が発達《はったつ》したのである。

マッコウクジラなどは、九〇分の間に、海中二千メートルの深さまでもぐると言われている。

クジラのはく息は㋑「しおふき」ともよばれ、六メートルもの高さまで海水をふき上げることがある。

それは、鼻が頭上にあり、一つのあなにまとまっているので、いきおいも強いのである。

1 ㋐はクジラがどうしている時間ですか。(10点)

〔　　　　　〕時間

2 マッコウクジラは、海中何メートルまでもぐれるのですか。(10点)

〔　　　　　〕の深さ

3 ㋑「しおふき」とは何のことですか。(10点)

〔　　　　　〕

4 3で、なぜそんなに高くまで海水をふき上げることができるのですか。(10点)

〔　　　　　〕ので

クジラは牛や馬と同じく、はいでこきゅうするほにゅう動物です。

仲間《なかま》に、シャチやイルカがいますが四メートル以下《いか》のものをイルカと分けています。

はいこきゅうなので、息つぎをする必要《ひつよう》があり二十〜九十分で、さんそをすいに海面にうき上がってきます。息がしやすいように頭上に鼻がついています。このとき、クジラのしおふきが起こります。

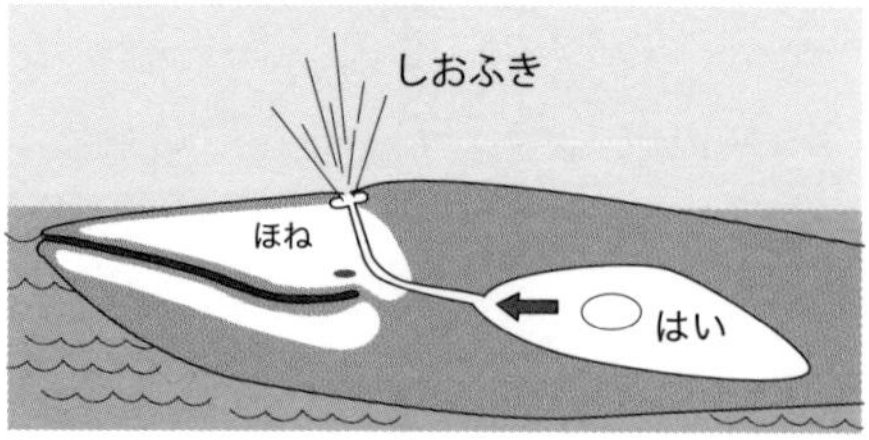

こたえ

1 一こきゅうで海にもぐれる

2 二千メートル

3 (クジラの) はく息

4 鼻が頭上にあり、一つのあなにまとまっている

落花生

月　日

点/40点

落花生《らっかせい》は、花が受ふんした後、くきが地面にむかって落ちるようにのびて、やがて、地中で実をつけるところから名づけられた。

元は南アメリカの植物で、江戸《えど》時代に東アジア・中国をまわって、伝《つた》わった。だから、南京《なんきん》（中国の町の名）豆《まめ》ともよばれるのだ。

日本に入ってきた当時の農家の人は、花がさいた後にまさか地中に豆ができているなど思いもよらず、おこっていたようだ。

そして、しばらくして、地中に豆のさやを見つけ、㋐なっとくしたという。

今では、ピーナッツとよばれ、ピーナッツバターやピーナッツあえなど、いろいろな料理《りょうり》に使われている。

1　落花生とよばれるのはなぜですか。（10点）

やがて、〔　　　　〕から。

2　日本にはいつ伝わりましたか。（10点）

〔　　　　〕

3　㋐は、だれがですか。（10点）

〔　　　　〕

4　今では何とよばれていますか。（10点）

〔　　　　〕

〈落下生〉

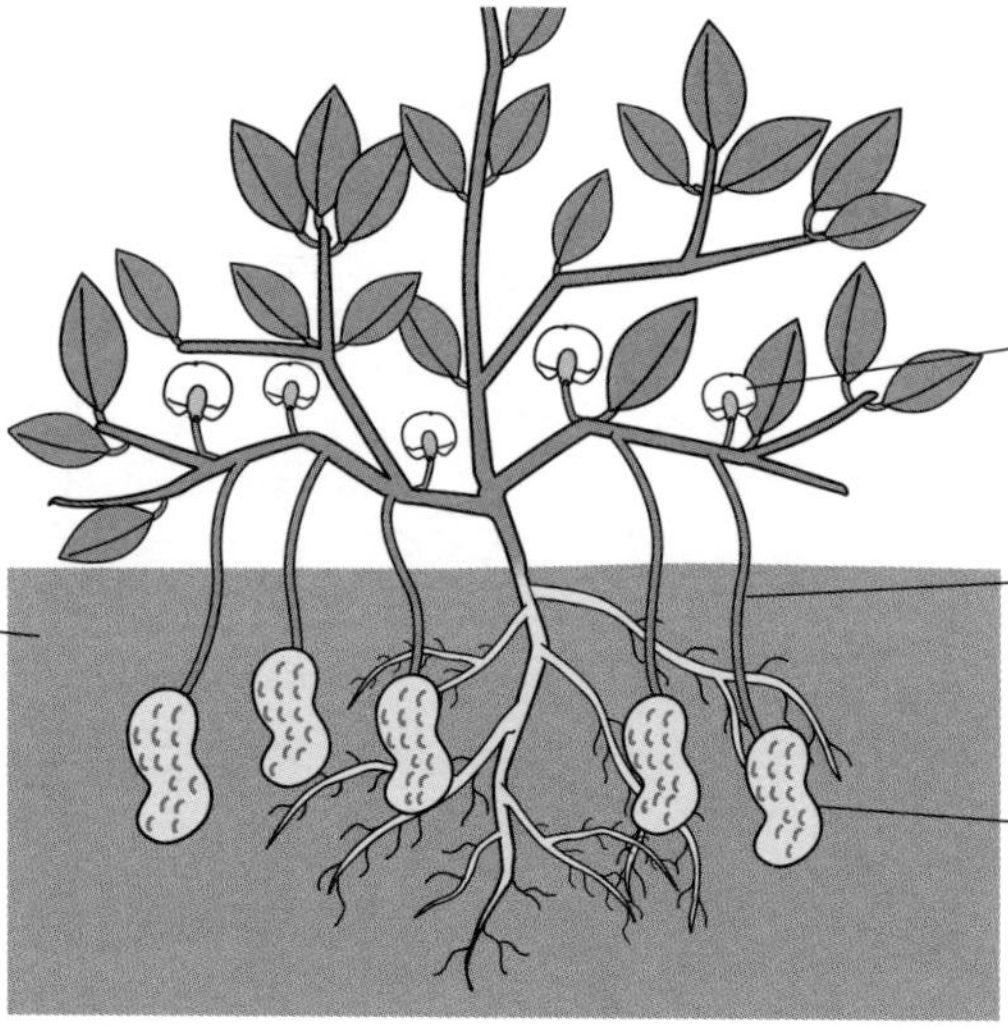

こたえ

1 地中で実をつける

2 えど時代（江戸時代）

3 農家の人

4 ピーナッツ

28 理由を読み取る

菜の花のおひたし

月　日

点/40点

青いつぼみがついた菜《な》の花《はな》（アブラナ）のくきや葉をゆでて、おひたしにしたものを食べたことはありますか。

㋐人によって好《す》ききらいがありますが、これにはかなりの苦みがあります。

この菜の花の仲間《なかま》には、ダイコン、キャベツ、ハクサイ、ブロッコリーなど多くの身近な野菜《やさい》があります。

実は㋑これらの野菜には虫から身を守る共通《きょうつう》の成分《せいぶん》があります。

それは、ダイコンおろしやわさびにもふくまれている苦みやからみなのです。

そして、これらを食べることで、わたしたちの健康《けんこう》も守られているのです。

---

1 何を食べたことがあるかと聞かれていますか。（10点）

2 ㋐は、なぜですか。（10点）

3 ㋑は何を指していますか。四つ書きましょう。（20点）

春になると黄色い「菜《な》の花《はな》」が畑一面にさきそろいます。

この黄色い花がさいた後に、実ができることを知っていますか。

昔から、この実は人々のくらしに必《ひつ》要《よう》とされてきました。「アブラナ」とよぶのは、この実からたくさんの油が取れるからです。

この油は、料理《りょうり》に使うほか、明かりに使えたのです。

こたえ

1 （菜の花を）おひたしにしたもの

2 （かなりの）苦みがあるから

3 ダイコン
キャベツ
ハクサイ
ブロッコリー

サケの身はなぜ赤い

月　日

点/40点

サケは、もともと白身の魚です。

サケは川で生まれて海で育つ魚ですが、成魚《せいぎょ》になると、たまごを産《う》むために生まれた川へもどります。

川をさかのぼるのは、サケにとっては命がけの仕事で大変《たいへん》な体力を使います。そのため、海にいる間に栄養《えいよう》のあるエサをたっぷり食べて力をつけておきます。

エサは、主にエビやカニの子どもです。それらには、力の元になるたん白しつや、赤色の元になるアスタキサンチンがたっぷりふくまれています。

これらが急流をさかのぼるときに、とても力を出してくれるのです。

また、㋐これらがサケの身が赤い理由です。

---

1 サケはどんな魚ですか。（10点）

サケは、［　　　］で生まれ、［　　　］で育つ魚です。

2 成魚になるとどうしますか。（10点）

［　　　］ために［　　　］ます。

3 サケのエサは主に何ですか。（10点）

［　　　］

4 ㋐はエサの何成分《せいぶん》があるからですか。（10点）

［　　　］

実は、サケ以外《いがい》にタイなどの赤い魚もアスタキサンチンをふくむエサを食べて体を赤くしています。

特《とく》にタイは、せ中ほど赤い色がこくなり、おなかの方はうすくなります。これは、水上を飛《と》ぶ鳥から身を守るためです。海面から見ると、せ中の色がこいほど見えにくくなるのです。

赤い色でなくともサバやイワシなども、こい青色をして見えにくくしています。

川をさか上るサケ

こたえ

1 川
海

2 たまごを産む
生まれた川へもどり

3 エビやカニの子ども

4 アスタキサンチン

カブトムシ

月　日

点/40点

昼間、地中にもぐって休んでいたカブトムシが、夕ぐれとともに近くの木に登り始めます。食べ物であるじゅえきをさがしに行くのです。

じゅえきは、夜にたくさん出て、虫たちにとっては大切な食べ物です。

林の中でも、じゅえきのたくさん出る木はそんなに多くありません。㋐どうしても争《あらそ》いが起こります。目のよく見えないカブトムシたちは㋑体をぶつけ合って相手を追いはらいます。それでもうまくいかないときには、大きな角を使います。

このような戦《たたか》いが続《つづ》くのです。

1 カブトムシは昼間どうしていますか。（10点）

〔　　　　〕

2 カブトムシなどの虫たちにとって、じゅえきはどんなものですか。（10点）

〔　　　　〕

3 ㋐どうして争いが起こるのですか。（10点）

〔　　　　〕

4 ㋑なぜカブトムシは体をぶつけ合うのですか。（10点）

〔　　　　〕

「こん虫の王様」とよばれるカブトムシ。

頭部によく発達《はったつ》した角を持ち、日本のぶ士《し》のかぶとのように見えるためその名がつきました。

子どもたちには、人気があり、家でし育する人も多くいます。

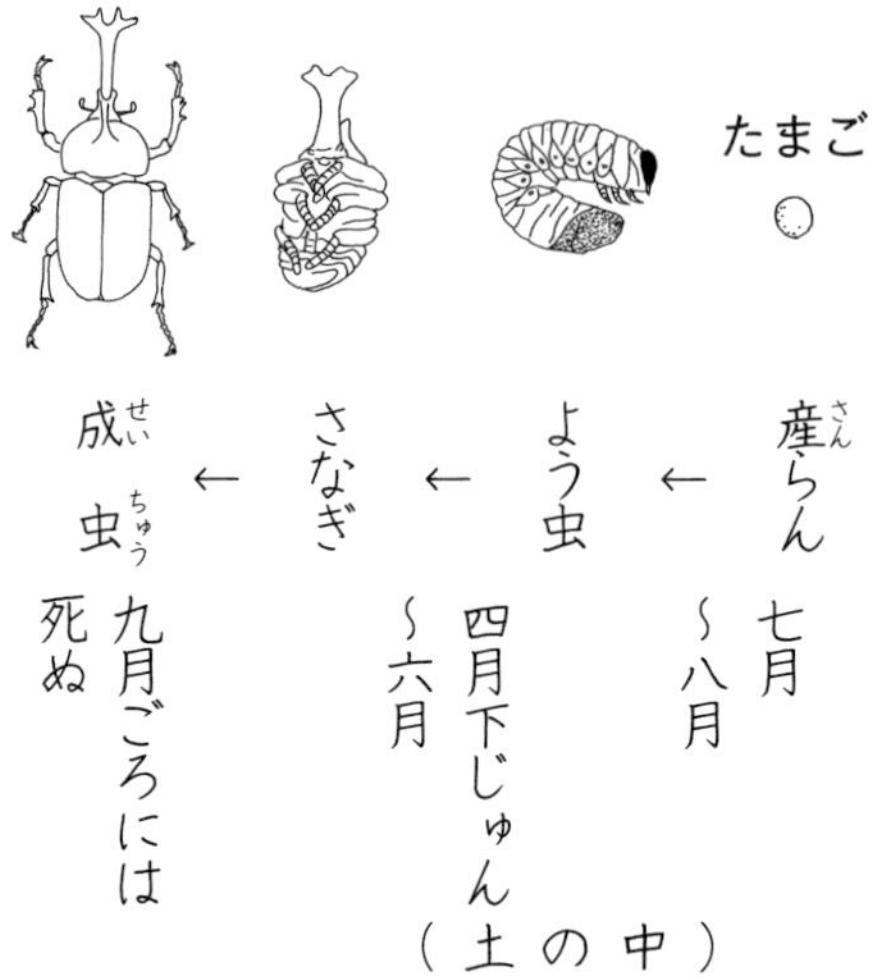

カブトムシの成長

こたえ

1 地中にもぐって休んでいた（いる）

2 （大切な）食べ物

3 じゅえきのたくさん出る木は多くないから

4 目がよく見えないから

31 理由を読み取る
ナメクジ

月　日

点/40点

しめった場所が大好《だいす》きなカタツムリとナメクジ。㋐これらはもともと海にすんでいる貝の仲間《なかま》だったのです。

㋑ナメクジはずいぶん昔にカラをすてました。大きなカラがあると労力《ろうりょく》も多く大変《たいへん》だったからでしょう。

㋒カラをすてたナメクジは、エネルギーすべてを体の成長《せいちょう》にまわすことができます。

また、石の下などせまい場所にもすむことができます。

しかし、良《よ》いことばかりではありません。カラがないので、かんそうから身を守る苦労《くろう》があります。

㋓しめった石やかれ葉などの下にもぐりこまなければならないのです。

---

1 ㋐は、何を指していますか。（10点）

〔　　　〕と〔　　　〕

2 ㋑で、なぜカラをすてたのですか。（10点）

〔　　　〕

3 ㋒ができることを二つ書きましょう。（10点）

〔　　　〕

〔　　　〕

4 ㋓は、なぜですか。（10点）

〔　　　〕

〔　　　〕

ナメクジもカタツムリも、海にすむまき貝の仲間《なかま》です。しめったところを好《この》み、日光やかんそうをきらいます。ただ、ナメクジには、貝がらがありません。

ナメクジは、主に野菜《やさい》など葉や果物《くだもの》を食べますが何でも食べるざっ食です。野菜にたまごをたくさん産《う》むので、農家はきらいます。

実は、塩《しお》だけでなく、シャンプーをかけると水分をとられてとけてしまいます。

こたえ

1 カタツムリ　ナメクジ

2 大きなカラがあると労力も多く大変だったから

3 エネルギーを体の成長にまわすことができるせまい場所にもすむことができる

4 かんそうから身を守るため

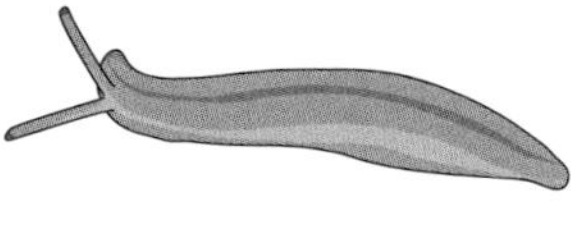
ナメクジ

カタツムリ

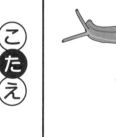

空のスピード王「はやぶさ」

月　日

点/40点

ハヤブサの大きな目、かぎ形に曲がったくちばし、するどいつめは、タカやワシの仲間《なかま》の特《とく》ちょうだ。

ハヤブサは、カラスよりやや小さいが、体の二倍もの長さのつばさをもつ。このつばさでぐんぐんをぬくスピードでかりをする。

えものを見つけると空高くまい上がり、㋐そこからつばさをとじて急こう下するのだ。最高時速《さいこうじそく》四百キロメートルにもなる。えものに体当たりし、するどいつめで、えものをおさえこんでしまう。

このハヤブサがかりを成功《せいこう》させる㋑二つのひみつがある。

「体重を重くして、体当たりを強くする」と「目の下にまぶしさをふせぐクマがある」

これらでえものをのがさないのだ。

1 ハヤブサは何の仲間ですか。(10点)

[　　　　]の仲間

2 ㋐どのようにしてそのスピードを出しますか。(10点)

そこから[　　　　]、[　　　　]する。

3 ㋑の二つのひみつは何ですか。(20点)

[　　　　]強くする。

[　　　　]がある。

〈ハヤブサ〉

こたえ

1 タカやワシ

2 空高くまい上がり
つばさをとじて急こう下

3 体重を重くして、体当たりを
目の下にまぶしさをふせぐクマ

月　日

点/40点

33 理由を読み取る
テレビの見方

わたしは、㋐テレビの見方には三種類《さんしゅるい》あると思う。それは、ぜったいに見たい番組を見るとき、どんなのかなと思って見るとき、ひまつぶしで見るときだ。

このごろ㋑「テレビを見るのはよくない」とよく言われているが、それは、いつまでもだらだらと見ているからだと思う。わたしもドラマなどは、続きが気になりついついたくさん見ているときがある。

だから、わたしは、一日に見る時間を決めるのがよいと思う。すると、どちらでもよい番組は、見るのをがまんするようになると思う。

1 ㋐の三種類を書きましょう。（15点）

〔　　　　〕

〔　　　　〕

〔　　　　〕

2 作者は、㋑の理由は何と考えましたか。（15点）

〔　　　　〕

3 ㋑に対し、作者は、どうするのが良《よ》いと考えていますか。（10点）

〔　　　　〕

〈慣《かん》用《よう》句《く》〉

次の上と下の言葉を——でつないで慣用句にしましょう。

① 手が・　　・かるい

② 目が・　　・いたい

③ 口が・　　・とどく

④ 耳が・　　・こえる

こたえ

1 ぜったいに見たい番組を見る
どんなのかなと思って見る
ひまつぶしで見る

2 だらだらと見ているから

3 一日に見る時間を決める

答え

① 手が——とどく
② 目が——こえる
③ 口が——かるい
④ 耳が——いたい

意味

① ゆきとどく／もう少しでそうなる

② 物の見分けがよくできる

③ なんでもしゃべる

④ 自分の弱いことを言われる

34 事実を読み取る
ホタルのひかり

月　日

点/40点

夏の夕すずみにふさわしいものにホタル観《かん》しょうがある。

ホタルは、水がきれいで、まわりに土や緑が多く残《のこ》った自然《しぜん》の川辺《かわべ》にすむ。

夕ぐれになると、一つ、二つと黄緑色の光が見え始める。ホタルのオスとメスは子孫《しそん》を残す（たまごを産《う》む）ために㋐光を出して合図をしているのだ。

たまごは、川岸のコケに産み付《つ》けられ、㋑よう虫がかえると、水中でカワニナ（まき貝）を食べて成長《せいちょう》する。そして、春には土中でさなぎになる。

やがて、初夏《しょか》になり、㋒成虫《せいちゅう》として工サも食べずに十日間ほど生きる。

しかし、人工の光でまわりが明るいと、産《さん》らんもできなくなるそうだ。

1 ホタルはどこにすみますか。（10点）

〔　　　　〕

2 ㋐何のために光を出しますか。（10点）

〔　　　　〕

3 ㋑よう虫はどこで、何を食べて成長しますか。（10点）

どこで〔　　　　〕

何を〔　　　　〕

4 ㋒成虫はどれくらい生きますか。（10点）

〔　　　　〕

〈ホタルの一生〉

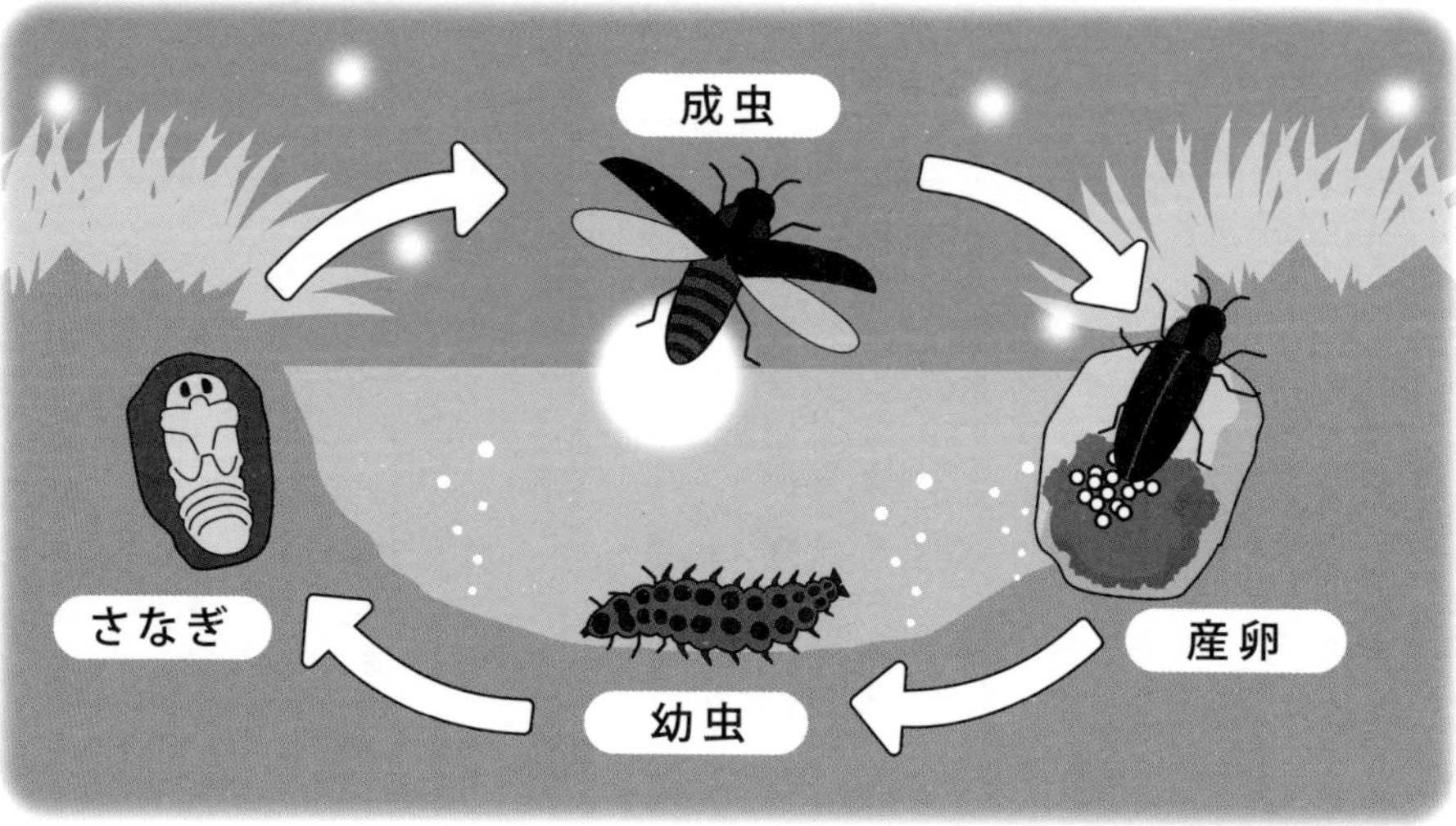

こたえ

1 水がきれいで、まわりに土や緑が多く残った川辺

2 子孫を残すため

3 水中
カワニナ

4 十日間ほど

事実を読み取る

飛ぶニワトリ

月　日

点/40点

ニワトリは、東南アジアの森林に住むセキショクヤケイというキジの仲間《なかま》でした。

特にオスはきれいな赤い羽根と黒くて長いおを持つ鳥でした。

それが約《やく》三千年の間に、少しずつ改《かい》良《りょう》されたのです。

㋐エサはざっ食で、地面に落ちている実や虫などを食べていました。かれらはきけんがせまると、㋑二、三十メートルくらいは飛《と》び、木のえだへにげていました。

今のニワトリも、放しがいをすると、野犬などに追われて、木のえだくらいには飛び上がるようになります。ただ、㋒運動をしすぎると肉がしまってかたくなり、あまりおいしくないようです。

1 ニワトリは、何の仲間でしたか。（10点）

［　　　　］

2 エサは何でしたか。（10点）

［　　　　］

3 ㋑は、どんなときですか。（10点）

［　　　　］

4 ㋒だと、どのようになりますか。（10点）

［　　　　］

ニワトリは、東南アジアの森林にすむセキショクヤケイという原種《げんしゅ》から、少しずつ改良《かいりょう》されたものです。

もともとざっ食で、地面に落ちている実や虫などを食べて生活していきます。かれらはきけんがせまると、木のえだに飛び上がり、えだからえだへと飛びわたりにげます。

飛ぶきょりは二、三十メートルくらいです。

げんざいのニワトリも、しばらく放しがいを続《つづ》けていると、木のえだくらいには、飛び上がるものがでてきます。

野生化するのです。

こたえ

1 キジ

2 地面に落ちている実や虫など

3 きけんがせまるとき
（せまると）

4 肉が（しまって）かたくなる

動物の鼻とにおい

月　日

点/40点

カバがあちこちに、自分のふんのにおいをつけるのは、そこが㋐自分のなわばりだということをしめすためである。また、㋑シマリスなどは、最大《さいだい》のてきヘビのにおいを利用《りよう》する。ヘビの死がいに自分の体をこすりつけて、そのにおいでてきからのこうげきをふせぐのだ。

イヌなど㋒多くの動物のにおいをかぐのう力は、人間より、数千倍から一億倍《いちおくばい》もあると言われている。

㋓［　　］、てきから身を守るスカンクなどが放つにおいは、ぎゃくに鼻ののう力が高い肉食動物をしりごみさせるに十分なはたらきを持つものなのだ。

1 ㋐のため、カバはどうしますか。（10点）

【　　　　】

2 ㋑は、何のにおいを体につけますか。（10点）

【　　　　】

3 ㋒は、どれくらいですか。（10点）

【　　　　】

4 ㋓にあてはまるせつ続語《ぞくご》を［　］から選《えら》び、書きましょう。（10点）

しかし　また　それゆえ

【　　　　】

こたえ

1 自分のふんのにおいをつける

2 ヘビのにおい

3 人間より数千倍から一億倍

4 それゆえ

こどもの日

月　日

点/40点

㋐五月五日は、もとは女の人のお祭りでした。日本には、古くから、五月になると、わかくて清《きよ》らかな女の人が田植えをする行事がありました。

その後、㋑中国から伝《つた》わってきた「たんごの節句《せっく》」とが結《むす》び付《つ》き、「しょうぶ」でやくばらいをし、田植えをするようになりました。

時代も進み、㋒ぶしの力が強くなるにつれて、「しょうぶ」が「勝負」へとうつり変《か》わり、こいのぼりやかぶとをかざる男の子の成長《せいちょう》を祝《いわ》う日となっていったのです。

げんざいでは、「こどもの日」と定められ、㋓多くの家庭では、こいのぼりをあげ、しょうぶ湯に入り、ちまきなどを食べて祝っています。

1　㋐は、もとは何のお祭りでしたか。（10点）

〔　　　　〕

2　㋑から入ってきた何とむすびつきましたか。（10点）

〔　　　　〕

3　㋒のころは、だれを祝う日となりましたか。（10点）

〔　　　　〕

4　㋓では、どのような祝いをしますか。（10点）

〔　　　　〕

こどもの日

古代中国では雨期に入るとき、「たんごの節句《せっく》」という病気などのやくばらいをするために「しょうぶ」や「よもぎ」、花や五色の糸などを使って玉かざりを作る習かんがありました。

戦国《せんごく》の世になって、しょうぶの葉の形がけんににていることから「かぶと」「よろい」に「しょうぶ」を付《つ》けてかざり、男の子のお祭りとなっていきました。

江戸《えど》時代に入ると、町人文化として立身出世とすこやかな成長を願《ねが》うこいのぼりもあげられるようになりました。

その後、昭和《しょうわ》二十三年に男女平等のこどもの日と定められました。

こたえ

1 女の人

2 たんごの節句（せっく）

3 男の子

4 こいのぼりをあげ、しょうぶ湯に入り、ちまきなどを食べる

北極は磁石のS極

月　日

点/40点

方位《ほうい》磁針《じしん》は、中に磁石《じしゃく》になったはりが入っていて、地球上どこにおいても南北を指します。磁石にはN極《きょく》とS極があり、北を指す方をN極、南を指す方をS極といいます。同じ極同しではね返し、ちがう極同しでは引き合うという㋐特《とく》ちょうがあります。このことから、地球の北極《ほっきょく》にはS極があり、南極《なんきょく》にはN極があることになります。実は地球の中には、ドロドロにとけた鉄などの金ぞくがあり、地球の自転と合わせて㋑それらも回っています。㋒［　　］、地球の中に電気が生まれて、地球全体も磁石のようになるようです。

＊地球の自転…一日・二十四時間かけて自分が回転すること。

1 方位磁針で南北を指すのは何ですか。(10点)

［　　　　］

2 ㋐は、何ですか。二つ書きましょう。(10点)

［　　　　］

［　　　　］

3 ㋑それらとは何ですか。(10点)

［　　　　］

4 ㋒にあてはまるせつ続語《ぞくご》を選《えら》び、○をつけましょう。(10点)

すると、だから、けれども

〈地球《ちきゅう》もじしゃく〉

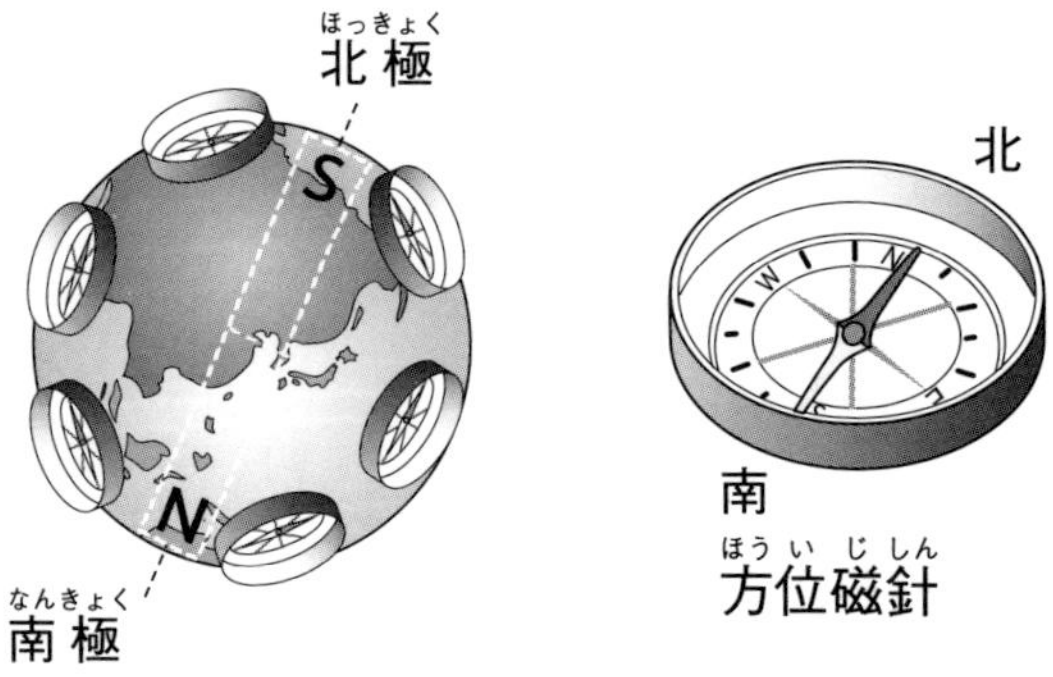

こたえ

1 磁石（じしゃく）に
なったはり

2 同じ極同しははね返す
ちがう極同しは引き合う

3 ドロドロにとけた
鉄などの金ぞく

4 だから

要点を読み取る

39 メスチーターの走力

月　日

点/40点

㋐時速百キロをこえるスピードでえ物を追いかけるチーター。実は、メスが地上最速《さいそく》のハンターなのです。メスは、子どもを育てるために、たくさんのエサをとらなければなりません。一方、オスは意外にも草原の小さなえ物を、それも兄弟、仲間《なかま》とむれを作ってつかまえます。

同じネコ科の仲間のライオンも、メスが子育てのために必死《ひっし》に走ってえ物をつかまえますが、そのときオスも協力《きょうりょく》しかます。風上でえ物を追い立てるのです。

チーターのメスは、追い立てるオスがいない分、なみはずれた走力が必要《ひつよう》なのです。

1　㋐の文をチーターを主語にして書きかえましょう。(10点)

[　　　　]

2　チーターのオスは、かりのとき、何を作りますか。(10点)

兄弟、仲間と[　　]を作る。

3　チーターのメスが地上最速の理由は何ですか。(20点)

[　　　　]ので。

チーターのメスは、自分だけでかりをします。そのために身についた運動のう力は、ただの速さだけではありません。

実は、ツメをスパイクにして、す早く急ターンをしたり、一気にダッシュしたりできるのです。

チーターがダッシュするときの速さは、人類最速《じんるいさいそく》のウサイン・ボルト選手《せんしゅ》の約四倍にあたり、スポーツカー・ランボルギーニのダッシュ力を上回るとされます。

走るチーター

こたえ

1 チーターは時速百キロをこえるスピードでえ物を追いかける。

2 むれ

3 追い立てるオスがいない

ホッキョクグマの泳力

月　日

点/40点

動物園で、ホッキョクグマが泳いでいるのをよく見かけます。一体、ホッキョクグマは、どのくらいのきょりを泳げるのでしょうか。

アメリカの生物学者の調さでは、㋐一日に五十キロメートルも泳ぐとも言われています。

最近《さいきん》では、地球の温だん化により生息地の氷がへり、㋑海が広がってきています。エサを追い求め、氷から氷へと泳ぐかれらにとって、㋒そのきょりは大変《たいへん》なものです。と中でおぼれてしまうこともよく起こります。㋓広い海で生き続《つづ》けるためには休まず泳ぎ続ける力が必要《ひつよう》なのです。

1 ㋐だれが泳ぐのですか。（10点）

〔　　　〕

2 ㋑なぜ海が広がってきているのですか。（10点）

〔　　　〕

3 ㋒その は何を指していますか。（10点）

〔　　　〕のきょり

4 ㋓生き続けるために何が必要ですか。（10点）

〔　　　〕

ホッキョクグマは、時速六・五キロメートルの速度で十時間も泳ぐことができます。

最近《さいきん》氷山がとけてきて、さらに長く泳がなければならないこともあるそうです。そういうときに子グマがおぼれたり、弱ったところをシャチにねらわれたりします。

ホッキョクグマは、長い鼻、首を持ちます。これは氷のすき間をのぞき、アザラシをとらえるための進化です。寒い所にすむため、耳が小さく、ぶあつい毛皮におおわれています。また、小さい頭、長い首の体は泳ぎにてきしています。

こたえ

1 ホッキョクグマ

2 地球温だん化により生息地の氷がへったから

3 氷から氷まで

4 休まず泳ぎ続ける力

カエルのジャンプ力

カエルには、大きくジャンプする力があります。身を守るものをほとんど持たないカエルには、にげるしかないのです。

㋐そのために、カエルの体は、にげるスピードを速められるつくりになっています。大きくジャンプするための体の特ちょうの一つは、後ろ足が長いことです。

次に、泳ぐための大きく長い水かきがジャンプの力をより強めます。

人間とちがって、カエルの頭部は軽くできています。㋑これらすべてが、大きくジャンプをして、てきからにげるつくりになっています。

1 カエルにはどんな力がありますか。（5点）

〔　　　　〕力がある。

2 ㋐そのためとは何のためですか。（5点）

〔　　　〕ため。

3 ㋑これらすべてとは何ですか。三つあげましょう。（30点）

〔　　　　〕

〔　　　　〕

〔　　　　〕

カエルのジャンプ力は、にげるときにだけでなく、エサをとるときにも力を出します。

口の中のしたも、とても長く、飛《と》び出してえ物をとらえることができます。

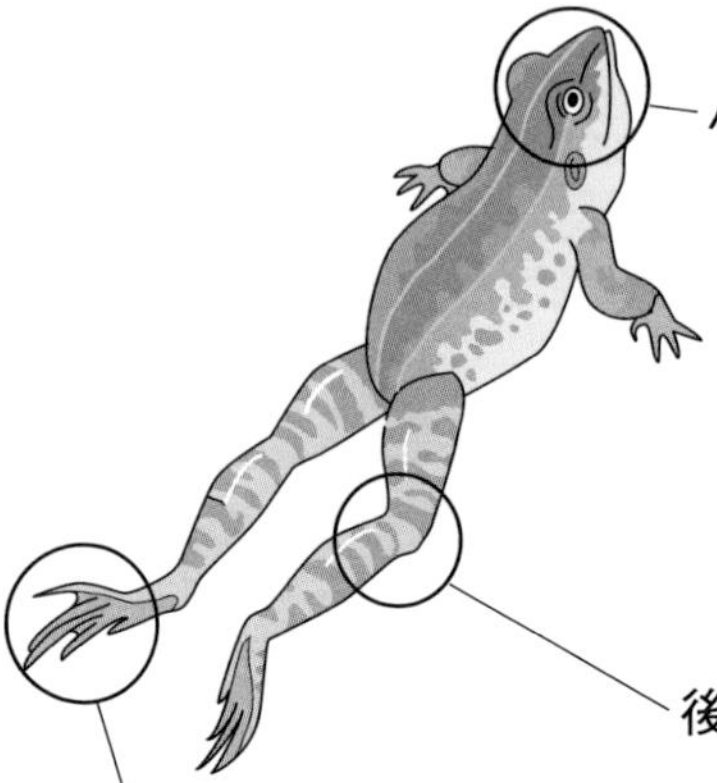
小さくて軽い頭部
後ろ足が長い
水かきが大きくて長く、それがジャンプ力をより大きくする

こたえ

1 大きくジャンプする
2 にげる
3 後ろ足が長い
大きく長い水かき
頭部が軽い

うなぎのにおい代

月　日

点/40点

店先でかいだ、うなぎのにおいでご飯《はん》を食べる男がいた。㋐それに気づいたうなぎ屋は、「においだけで飯《めし》を食うとは。よし、におい代をとってやろう。」

男の家に㋑におい代を集金に行った。

㋒［　　］、男は、「やい、おれはうなぎ屋に、金を借《か》りた覚《おぼ》えはないぞ。」

「いいえ、これは、うなぎのにおい代でございます。八百文です。」うなぎ屋が言うと、男はしかたなく八百文を取り出した。

「たしかに八百文。毎度。」

うなぎ屋がお金を受け取ろうとすると、男は㋓それを板の間へ放り投げた。チャリーンと音がして、男は言った。

「におい代は、音ではらおう。聞いたろう。㋔もらったつもりで帰りな。」

1 ㋐は、何に気づいたのですか。（10点）

2 ㋑だれが行ったのですか。（5点）

3 ㋒にあてはまるせつ続語《ぞくご》を選《えら》び、○をつけましょう。（5点）

ところで、すると、だから

4 ㋓をしてどうなりましたか。（10点）

5 ㋔は、何をもらったつもりでと言っていますか。（10点）

1 次の絵に合う慣用句《かんようく》を、□から選《えら》んで（　）に記号を書きましょう。

①

（　　　）

②

（　　　）

③

（　　　）

④

（　　　）

⑤

（　　　）

⑥

（　　　）

㋐ すずしい顔
㋑ 足がすくむ
㋒ 耳をすます
㋓ 口がすべる
㋔ 息をころす
㋕ 目をぬすむ

（答え）
① ㋒　② ㋔
③ ㋓　④ ㋕
⑤ ㋐　⑥ ㋑

こたえ

1 うなぎのにおいでご飯を食べる男
2 うなぎ屋
3 すると
4 チャリーンと音がした
5 におい代

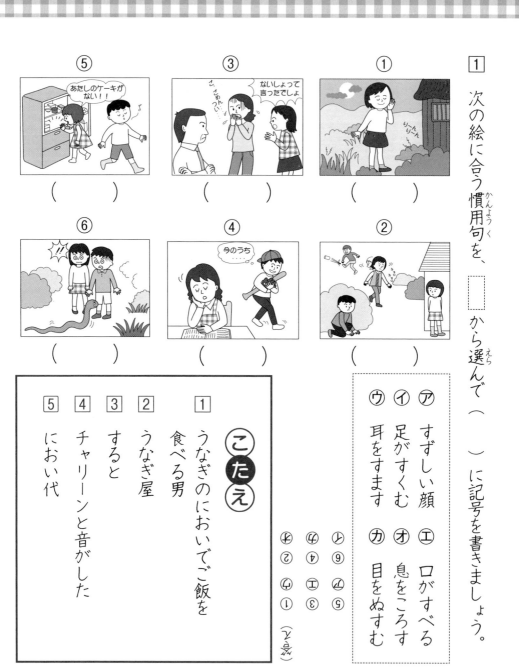

さばくのラクダ

月　日

点/40点

㋐さばくにすむラクダは、一度に八十リットル以上《いじょう》も水を飲むことができ、数日間は水なしですごすことができる。

㋑□、「せ中のこぶに水をたくわえている」と思われているのだが、㋒本当は、こぶにはしぼうが入っている。このしぼうは、日光の熱《ねつ》をふさぎ、体温の上しょうをふせいでいる。また、ラクダは、すなあらしから身を守るため、鼻のあなは開けしめでき、目にもブラシのようなまつげがついている。

ひざの皮ふが大変《たいへん》ぶあつく、㋓熱《あつ》く焼《や》けたすな地にひざをついてすわり、長時間休むことができる。

さばくのくらしの中で、たくさんの荷物を運ぶラクダは、なくてはならないものである。

---

1 ㋐は、一度にどれだけ水が飲めますか。（10点）

2 ㋑にあてはまるせつ続語《ぞくご》を□から選《えら》び、書きましょう。（10点）

ところが、　そこで、　その上

3 ㋒は、何をふせぎますか。（10点）

4 ㋓ができるのはなぜですか。（10点）

〈ラクダの体〉

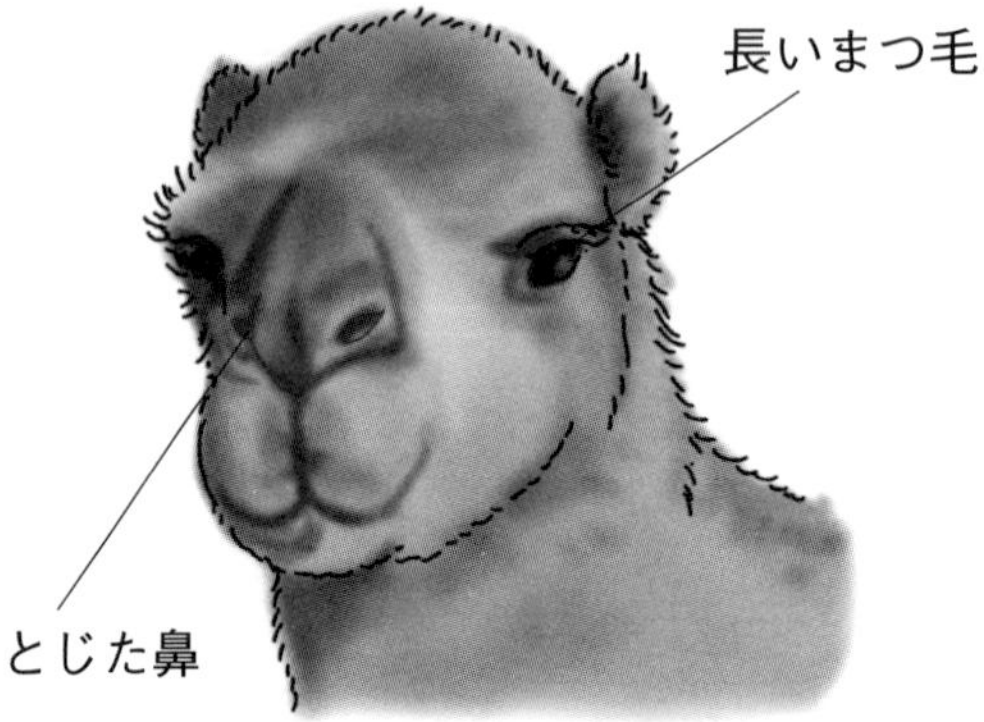

こたえ

1 八十リットル以上
2 そこで
3 日光の熱
体温の上しょう
4 ひざの皮ふが大変ぶあつ
いため

オジギソウのふしぎ

月　日

点/40点

オジギソウは、軽くふれると㋐はずかしそうに葉をとじます。江戸《えど》時代にオランダ船によって、日本に伝《つた》えられたと言われています。

では、どのような仕組みで葉が動くのでしょう。

㋑葉がとじる仕組みは、葉のつけ根にある水の入ったふくろにあります。いつもは中に水があるので、ピンとはっていますが、ふれられると中の水がぬけて、ふくろがちぢんでしまいます。

そのため、葉がおじぎするようにとじるのです。

㋒［　　］、しばらく時間がたつと、また、元通りに水分が入り葉もふたたび開きます。

---

1 どうされると㋐のようになりますか。（10点）

【　　　　】

2 ㋑について書きましょう。（20点）

・いつもは【　　　　】ので【　　　　】

・ふれられると【　　　　】ので【　　　　】

3 ㋒にあてはまるせつ続語《ぞくご》を選《えら》び、○をつけましょう。（10点）

だから、しかし、その上

〈オジギソウ〉

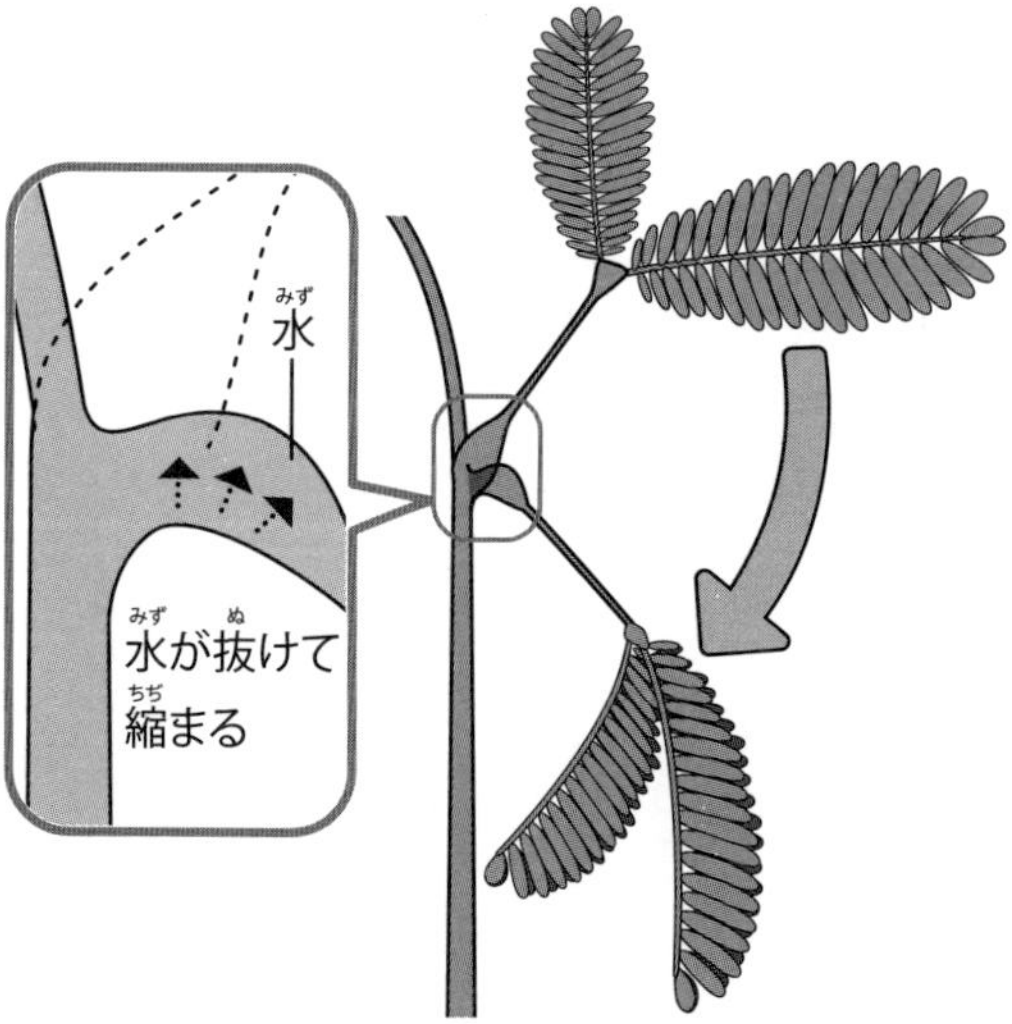

おじぎしたように見える仕組み

こたえ

1 軽くふれる

2 水がある
ピンとはっている
中の水がぬける
ふくろがちぢんでしまう

3 しかし

45 そう合問題

ボスニワトリ

「コケコッコー」というニワトリの鳴き声は、昔から目覚《めざ》ましの合図でした。

さて、最初《さいしょ》に鳴くのはどんなニワトリなのでしょうか。

ニワトリの研究で最近《さいきん》、㋐ボスニワトリがいることがわかりました。むれの中で、つつき合いをして、一番強いオスのニワトリがボスになります。ボスニワトリは、一番にエサを食べます。また、朝をむかえるとそのボスが一番に鳴きます。

他のニワトリは、それをきっかけに続《つづ》いて鳴きます。そのむれの、最強《さいきょう》のボスニワトリが力を持っているのです。

---

1 ニワトリの鳴き声は、昔から何の合図だったのですか。（10点）

〔　　　　〕

2 ㋐は、どんなニワトリがボスになるのですか。（10点）

＿＿＿＿＿をして、＿＿＿＿オスのニワトリ。

3 ボスニワトリは、どんなことができますか。二つ書きましょう。（20点）

〔　　　　〕

〔　　　　〕

集だんで生活する動物たちの中には、強い弱いなどから順位《じゅんい》が生まれます。

たくさんのニワトリをかうと、その中でつつき合いが始まり、そのうち、強弱による順位が生まれます。

上位のものが先にエサを食べたりして、下位のものがそんをするようにも思います。しかし、弱者もこの集だんに守られていることもあり、にげていったり、争《あらそ》ったりすることはないようです。

こたえ

1 目覚ましの合図

2 つつき合い
一番強い

3 一番にエサを食べる
一番に鳴く

牛わか丸

牛わか丸は、「みなもとのよしつね」という㋐有名なさむらいの少年時代の名前です。

その牛わか丸の伝説《でんせつ》が、「むさしぼうべんけい」との勝負です。

京都のくらま山で、けんのしゅ行にはげんでいた牛わか丸。そのころべんけいは五じょう大橋で、勝負で負かした相手から刀をうばって集める、㋑らんぼう者でした。

あと一本で千本になるという夜、橋の上にやってきた牛わか丸に、べんけいは勝負をしかけました。

㋒［　　］、いきおいよくかかってくるべんけいの刀を、牛わか丸は㋓右へ左へとかわし、おうぎ一つでやっつけてしまいました。

その後、べんけいは牛わか丸の家来になったということです。

1 ㋐の名前は何ですか。（10点）

［　　　　］

2 ㋑は、だれから、何をしていましたか。（10点）

・だれ［　　　　］

・何を［　　　　］

3 ㋒にあてはまるせつ続語《ぞくご》を選《えら》び、○をつけましょう。（10点）

それで、また、けれども

4 最後に、べんけいはどうなりましたか。（10点）

［　　　　］

〈うた〉

京の五じょうの橋の上
大の男のべんけいは
長いなぎなたふり上げて
牛わか目がけて切りかかる

牛わか丸は、飛びのいて
持ったおうぎを投げつけて
来い来い来いと
らんかんの上にあがって
手をたたく

前や後ろや右、左
ここと思えば、またあちら
つばめのような早わざに
おにのべんけい、あやまった

こたえ

1 みなもとのよしつね
2 勝負で負かした相手
刀をうばって集める
3 けれども
4 牛わか丸の家来

47 そう合問題

アジュール舞子(まいこ)

月　日

点/40点

海ひん公園「アジュール舞子《まいこ》」は、㋐かつての名所「舞子《まいこ》のはま」をよみがえらせようとつくられた。コンクリートの海岸をうめ立てて、新たに人工すなはまをつくったのである。

今、このすなはまの両はしにある、いそはまが㋑生物観察《かんさつ》のポイントとしてにぎわっている。いそはまでは、波打ちぎわの大小の石をめくれば、カニやヤドカリ、まき貝やフナムシなどの生物が見られる。ゴーグル一つで海中のヒトデやナマコ、泳ぎまわるフグやベラなども観察することができる。

1 ㋐かつての名所「舞子《まいこ》のはま」は、今では何になっているのですか。(10点)

〔　　　〕

2 ㋑どこがにぎわっていますか。(10点)

〔　　　〕

3 いそはまで、カニやヤドカリは、どうすれば見られますか。(10点)

〔　　　〕

4 ゴーグルがあれば、何を観察することができますか。(10点)

〔　　　〕

〔　　　〕

「アジュール舞子《まいこ》」は、一九九八年にオープンした人工のすなはまです。
すなはまの長さは、約八〇〇メートルもあります。
目の前に大きな明石大橋《あかしおおはし》も見える美しい海水浴場《かいすいよくじょう》です。
この両はしに散歩《さんぽ》や自然《しぜん》観察が楽しめるいそはまがあります。

こたえ

1 （海ひん公園）アジュール舞子（まいこ）

2 （すなはまの両はしにある）いそはま

3 大小の石をめくる

4 ヒトデ、ナマコ、フグ、ベラ（順番《じゅんばん》は自由）

そっ台問題

ミツバチとイチゴ

月　日

点/40点

今では一年中、店先にならんでいるハウスさいばいのイチゴ。

自然《しぜん》の中では、多くの花はいろいろなこん虫のはたらきでおしべの花ふんはめしべに㋐受ふんされています。

㋑［　　］、ハウスさいばいでは、中にこん虫を放ち花ふんを受ふんさせなければなりません。

イチゴのハウスさいばいでは、ミツバチの力を借《か》ります。

ミツバチは、みつを求《もと》めてイチゴの花から花へと飛《と》び回り、おしべとめしべに体をすりつけながら花のおくにあるみつをすいます。㋒このとき体毛に花ふんがつきます。一つの花に何回もミツバチがやって来ることで、㋓たしかな受ふんにつながります。ミツバチ様々なのです。

1　㋐は、何のはたらきですか。（10点）

［　　　　］

2　㋑にあてはまるせつ続語《ぞくご》を［　］から選《えら》び、書きましょう。（10点）

だから、しかし、また

［　　　　］か

3　㋒とは、どんなときですか。（10点）

［　　　　］

4　㋓は、どんなことがですか。（10点）

［　　　　］

日本では、ニホンミツバチやセイヨウミツバチをし育し、みつをとっています。

また、農作物のビニールハウスに放したりして作物の受ふんにも利用《りよう》しています。

ビニールハウスでみつを集めることで、イチゴの受粉と一石二鳥を考えたのです。

ニホンミツバチは、野生のものをつかまえてし育するため、とれるハチミツも少ないです。ほとんどがセイヨウミツバチのハチミツです。

こたえ

1 いろいろなこん虫

2 だから

3 花のおくにあるみつをすうとき

4 花に何回もミツバチがやって来ること

子どもの好きな神様 ①

㋐子どもの好《す》きな小さい神様がいました。いつもは森の中で、歌を歌ったり、笛をふいたりして、小鳥やけものと遊んでいました。しかし、ときどき人の住んでいる村へ出て行って、好きな子どもたちと遊ぶのでした。Ⓐ［　　］、この神様は、一度もすがたを見せたことがないⒷ［　　］、㋑子どもたちにはちっともわかりませんでした。

雪がどっさりふった次の朝、子どもたちは、真っ白な野っ原で遊んでいました。すると、一人の子どもが、「雪の上に顔をうつそうよ。」と、言いました。

新美南吉

1 ㋐は、いつもどうしていましたか。（10点）

森の中で、

「　　　　」、「　　　　」、

「　　　　」と遊んでいました。

2 ⒶⒷにあてはまるせつ続語《ぞくご》を［　］から選《えら》び、書きましょう。（20点）

Ⓐ「　　　　」

Ⓑ「　　　　」

けれど　のに　ので

3 ㋑なぜちっともわからなかったのですか。（10点）

「　　　　」

子どもの好《す》きな小さな神様　あらすじ①

子どもの好きな小さな神様がいました。いつもは、森の中で歌をうたったり、笛をふいたり、小鳥やけものと遊んでいましたが、ときどき村へ出てきて、子どもたちと遊ぶのでした。けれど、この神様は、一度もすがたを見せたことがありませんでした。

ある日、雪がまっ白につもった野っ原で、雪に顔をうつして遊んでいた子どもたちの中に、神様がやってきていました。

十三人の顔を雪にうつしたところ、顔が十四あったのです。

（つづく）

こたえ

1 歌を歌ったり
笛をふいたり
小鳥やけもの

2 Ⓐ けれど　Ⓑ ので

3 一度もすがたを見せたことがなかったから

子どもの好きな神様 ②

月　日

点/40点

子どもたちは、神様をつかまえようと相談しました。

㋐「おにごっこしよう。」と言って、はん長が前に出て、十二人はならびました。

はん長が「番号ッ。」といって

「一ッ、二ッ、三ッ・・・十二ッ。」

そのとき、だれのすがたも見えないのに、「十三ッ。」という声がしました。㋑それを聞くと「そこだッ。つかまえろッ。」とみんなは十二番目の子どもの横をとりかこみました。めんくらった神様はのっぽの子どものまたの下をくぐって、森へにげ帰りました。その時、㋒くつをかた方落としてきてしまいました。子どもたちは小さな赤いくつを見て、

「神様はこんな小さなくつをはいてたんだね。」

と、みんなでわらいました。

---

1 ㋐と言ったのはだれですか。（10点）

〔　　　　〕

2 ㋑何という声を聞きましたか。（10点）

〔　　　　〕

3 神様はめんくらって、どうしましたか。（10点）

〔　　　　〕の〔　　　　〕、〔　　　　〕森へにげ帰りました。

4 ㋒どんなくつでしたか。（10点）

〔　　　　〕

絵をヒントに、□に合う言葉を書きましょう。

① □のひたいほどの庭でも、楽しめる。

② はん人はもう、ふくろの□だ。

③ あの人は、□をわったようなせいかくだ。

④ かれは今、□のい所が悪い。

⑤ □のねどこのように細長い家。

⑥ 最後《さいご》は、兄に□を持たせる。

（答え）
① ねこ　② ねずみ　③ 竹
④ 虫　⑤ うなぎ　⑥ 花

こたえ

1 はん長
2 十三ッ
3 のっぽの子どもまたの下をくぐって
4 小さな赤いくつ